中国珍贵典籍史话丛书

⑯

《齐民要术》史话

缪启愉 缪桂龙 ◆ 著

国家珍贵古籍名录·齐民要术

國家圖書館出版社

图书在版编目（CIP）数据

《齐民要术》史话 / 缪启愉，缪桂龙著 .-- 北京：国家图书馆出版社，2017.4
（中国珍贵典籍史话丛书）
ISBN 978-7-5013-5978-3

Ⅰ. ①齐… Ⅱ. ①缪… ②缪… Ⅲ. ①农学—中国—北魏 ②《齐民要术》—研究 Ⅳ. ① S-092.392

中国版本图书馆 CIP 数据核字（2016）第 258601 号

书　　名　《齐民要术》史话
著　　者　缪启愉　缪桂龙　著
责任编辑　王　雷　方自金

出　　版　国家图书馆出版社（100034　北京市西城区文津街 7 号）
（原书目文献出版社　北京图书馆出版社）
发　　行　010-66114536　66126153　66151313　66175620
66121706（传真）　66126156（门市部）
E-mail　nlcpress@nlc.cn（邮购）
Website　www.nlcpress.com →投稿中心
经　　销　新华书店
印　　装　北京联兴盛业印刷股份有限公司
版　　次　2017 年 4 月第 1 版　2017 年 4 月第 1 次印刷

开　　本　710 × 1000（毫米）　1/16
印　　张　10
字　　数　99 千字
印　　数　1—3000 册

书　　号　ISBN 978-7-5013-5978-3
定　　价　45.00 元

图一　我国发行的第三组中国古代科学家纪念邮票（J58）（1980 年 11 月）

图二　山东潍坊博物馆收藏的贾思勰铜像

图三　山西太原博物馆的贾思勰宣传画

图四　中学历史课本介绍的贾思勰

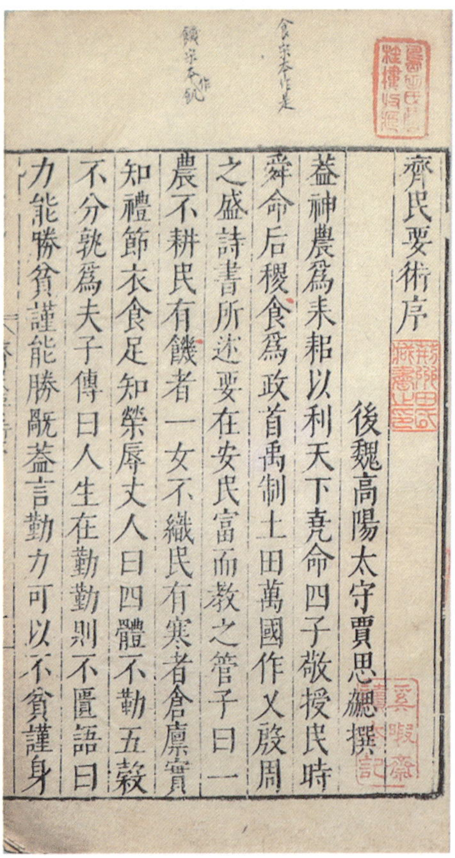

齊民要術序

後魏高陽太守賈思勰撰

蓋神農爲耒耜以利天下堯命四子敬授民時舜命后稷食爲政首禹制土田萬國作乂殷周之盛詩書所述要在安民富而教之管子曰一農不耕民有饑者一女不織民有寒者倉廩實知禮節衣食足知榮辱丈人曰四體不勤五穀不分孰爲夫子傳曰人生在勤勤則不匱語曰力能勝貧謹能勝禍蓋言勤力可以不貧謹身

图五　题署“后魏高阳太守贾思勰撰”（《齐民要术》序）

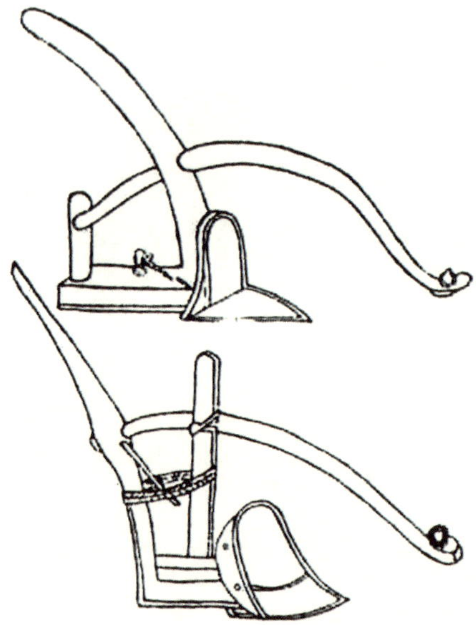

图六　古代犁

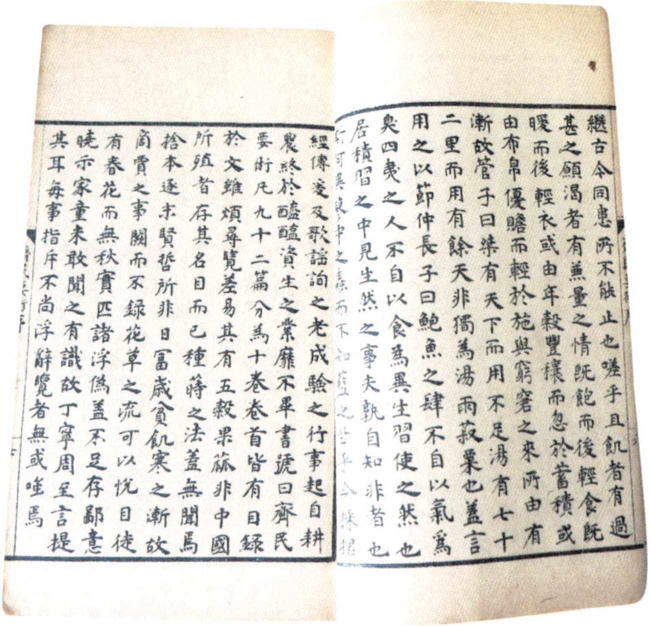
繼古今同患所不能止也嗟乎且飢者有過
甚之願渴者有兼量之情既飽而後輕食既
暖而後輕衣或由年穀豐穰而忽於蓄積或
由布帛優贍而輕於施與窮窘之來所由有
漸故管子曰桀有天下而用不足湯有七十
二里而用有餘天非獨為湯雨菽粟也蓋言
用之以節仲長子曰鮑魚之肆不自以氣為
臭四夷之人不自以食為異生習使之然也
居積習之中見生然之事夫孰自知非者也
斯何異蓼中之蟲而不知藍之甘乎今採捃
經傳爰及歌謠詢之老成驗之行事起自耕
農終於醯醢資生之業靡不畢書號曰齊民
要術凡九十二篇分為十卷卷首皆有目錄
於文雖煩尋覽差易其有五穀果蓏非中國
所殖者存其名目而已種蒔之法蓋無聞焉
捨本逐末賢哲所非日富歲貧飢寒之漸故
商賈之事闕而不錄花草之流可以悅目徒
有春花而無秋實匹諸浮偽蓋不足存鄙意
曉示家童未敢聞之有識故丁寧周至言提
其耳每事指斥不尚浮辭覽者無或嗤焉

图七　“鄙意晓示家童，未敢闻之有识，故丁宁周至，言提其耳，每事指斥，不尚浮辞。”（《齐民要术》自序）

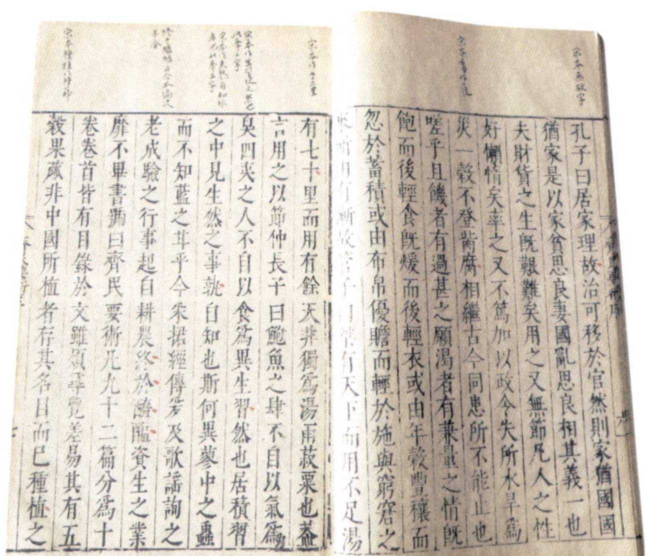
孔子曰居家理故治可移於官然則家猶國國
猶家是以家貧思良妻國亂思良相其義一也
夫財貨之生既艱難矣用之又無節凡人之性
好懶惰矣率之又不篤加以政令失所水旱為
災一穀不登胔腐相繼古今同患所不能止也
嗟乎且饑者有過甚之願渴者有兼量之情既
飽而後輕食既煖而後輕衣或由年穀豐穰而
忽於蓄積或由布帛優贍而輕於施與窮窘之
來所由有漸故管子曰桀有天下而用不足湯
有七十里而用有餘天非獨為湯雨菽粟也蓋
言用之以節仲長子曰鮑魚之肆不自以氣為
臭四夷之人不自以食為異生習然也居積習
之中見生然之事孰自知也斯何異蓼中之蟲
而不知藍之甘乎今采捃經傳爰及歌謠詢之
老成驗之行事起自耕農終於醯醢資生之業
靡不畢書號曰齊民要術凡九十二篇分為十
卷卷首皆有目錄於文雖煩尋覽差易其有五
穀果蓏非中國所植者存其名目而已種植之

图八　“采捃经传，爰及歌谣，询之老成，验之行事。”（《齐民要术》自序）

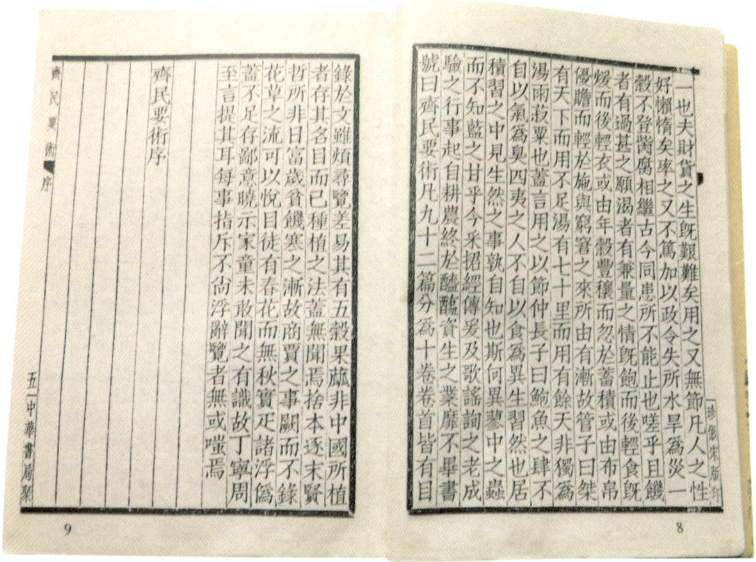
齊民要術 序

一也夫財貨之生既艱難矣用之又無節凡人之性
好懶惰矣率之又不篤加以政令失所水旱為災一
穀不登胔腐相繼古今同患所不能止也嗟乎且飢
者有過甚之願渴者有兼量之情既飽而後輕食既
煖而後輕衣或由年穀豐穰而忽於蓄積或由布帛
優贍而輕於施與窮窘之來所由有漸故管子曰桀
有天下而用不足湯有七十里而用有餘天非獨為
湯雨菽粟也蓋言用之以節仲長子曰鮑魚之肆不
自以氣為臭四夷之人不自以食為異生習然也居
積習之中見生然之事孰自知也斯何異蓼中之蟲
而不知藍之甘乎今采捃經傳爰及歌謠詢之老成
驗之行事起自耕農終於醯醢資生之業靡不畢書
號曰齊民要術凡九十二篇分為十卷卷首皆有目
錄於文雖煩尋覽差易其有五穀果蓏非中國所植
者存其名目而已種植之法蓋無聞焉捨本逐末賢
哲所非日富歲貧饑寒之漸故商賈之事闕而不錄
花草之流可以悅目徒有春花而無秋實疋諸浮僞
蓋不足存鄙意曉示家童未敢聞之有識故丁寧周
至言提其耳每事指斥不尚浮辭覽者無或嗤焉

齊民要術序

五 中華書局聚

图九 “起自耕农，终于醯醢，资生之业，靡不毕书。”（《齐民要术》自序）

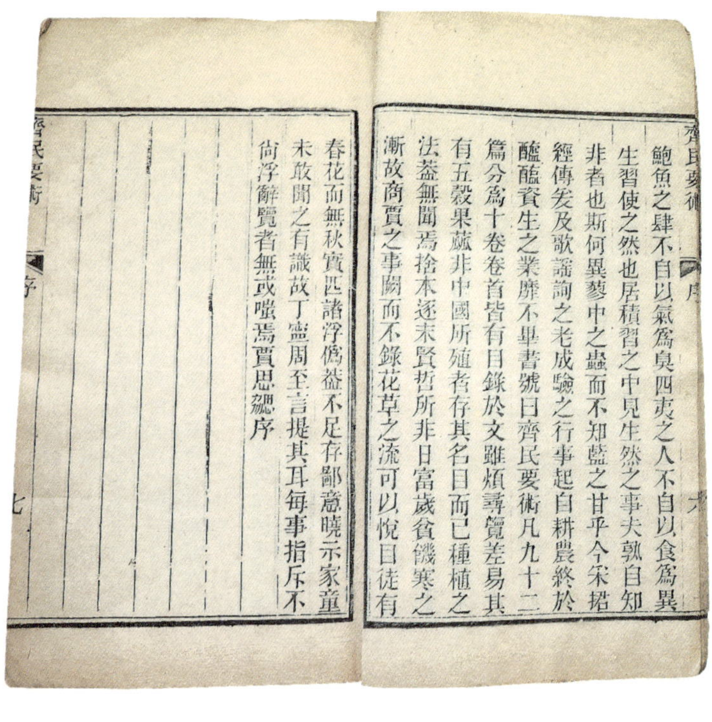
齊民要術 序

鮑魚之肆不自以氣為臭四夷之人不自以食為異
生習使之然也居積習之中見生然之事夫孰自知
非者也斯何異蓼中之蟲而不知藍之甘乎今采捃
經傳爰及歌謠詢之老成驗之行事起自耕農終於
醯醢資生之業靡不畢書號曰齊民要術凡九十二
篇分為十卷卷首皆有目錄於文雖煩尋覽差易其
有五穀果蓏非中國所殖者存其名目而已種植之
法蓋無聞焉捨本逐末賢哲所非日富歲貧饑寒之
漸故商賈之事闕而不錄花草之流可以悅目徒有
春花而無秋實匹諸浮僞蓋不足存鄙意曉示家童
未敢聞之有識故丁寧周至言提其耳每事指斥不
尚浮辭覽者無或嗤焉賈思勰序

七

图十 “舍本逐末，贤哲所非，日富岁贫，饥寒之渐，故商贾之事，阙而不录。”（《齐民要术》自序）

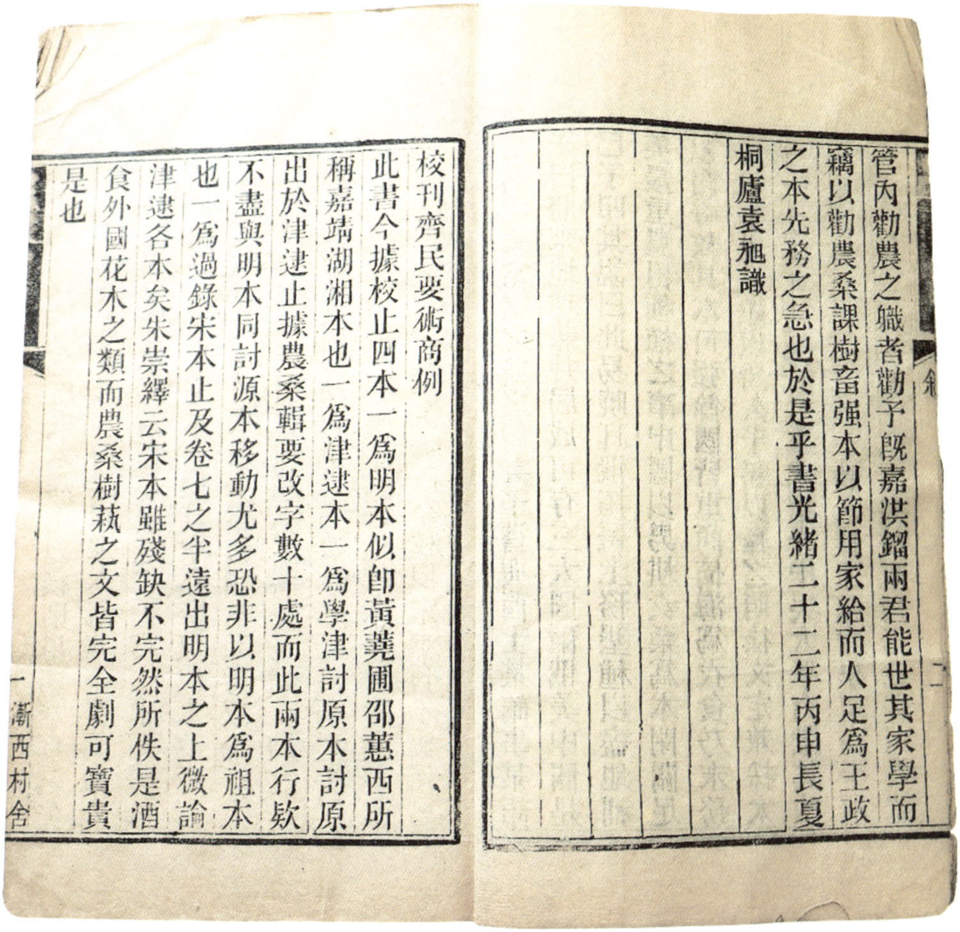
管內勸農之職者勸予旣嘉洪鎦兩君能世其家學而
竊以勸農桑課樹畜强本以節用家給而人足爲王政
之本先務之急也於是乎書光緒二十二年丙申長夏
桐廬袁昶識

校刊齊民要術商例
此書今據校止四本一爲明本似卽黃蕘圃邵蕙西所
稱嘉靖湖湘本也一爲津逮本一爲學津討原本討原
出於津逮止據農桑輯要改字數十處而此兩本行欵
不盡與明本同討源本移動尤多恐非以明本爲祖本
也一爲過錄宋本止及卷七之半遠出明本之上微論
津逮各本矣朱崇繹云宋本雖殘缺不完然所佚是酒
食外國花木之類而農桑樹蓺之文皆完全劇可寶貴
是也

一 漸西村舍

图十一　《齐民要术》[清光绪二十二年（1896）袁昶刊行]

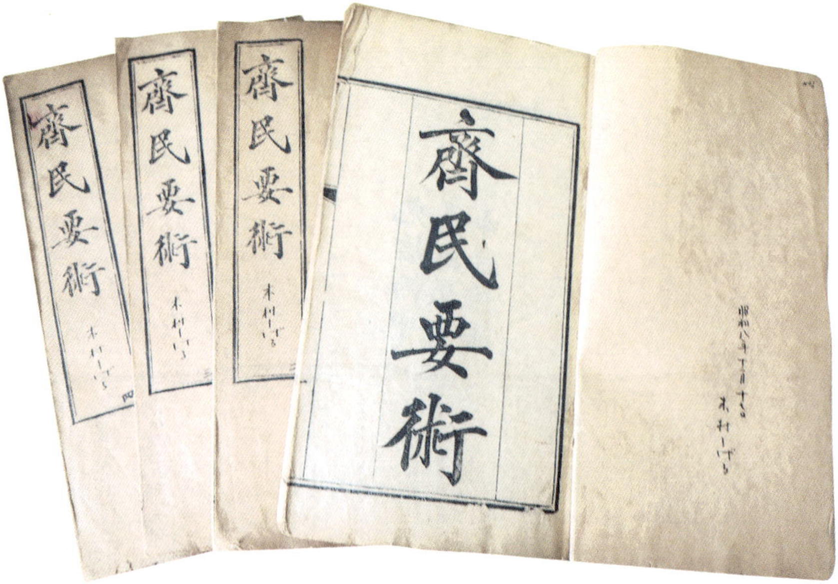

图十二　《齐民要术》（《渐西》本）

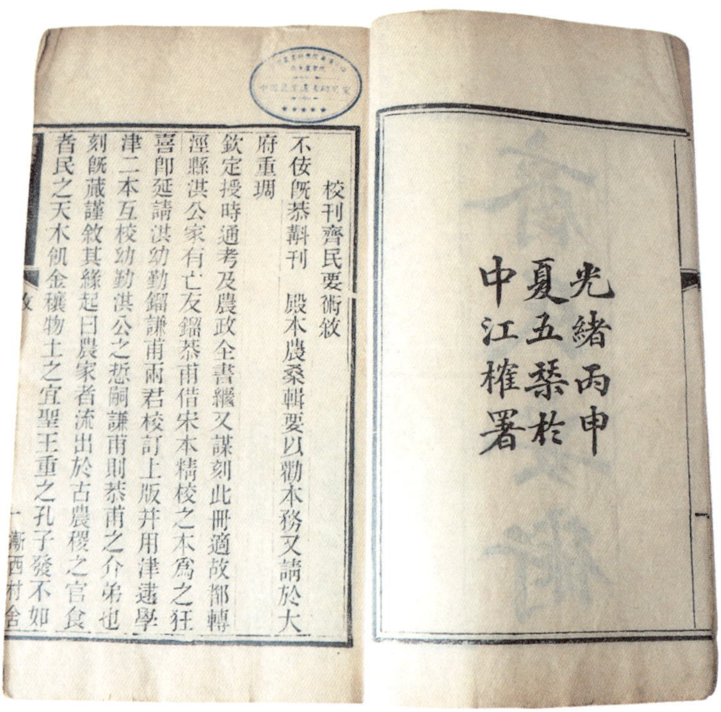

图十三　《齐民要术》（《渐西》本）

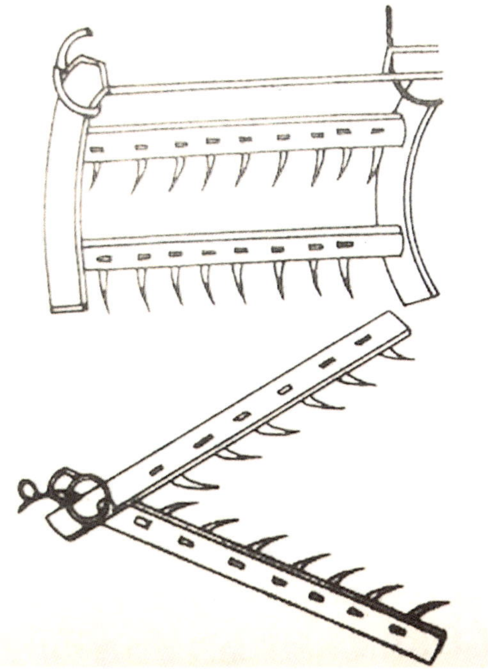

图十四　方耙（上）、人字耙（下）

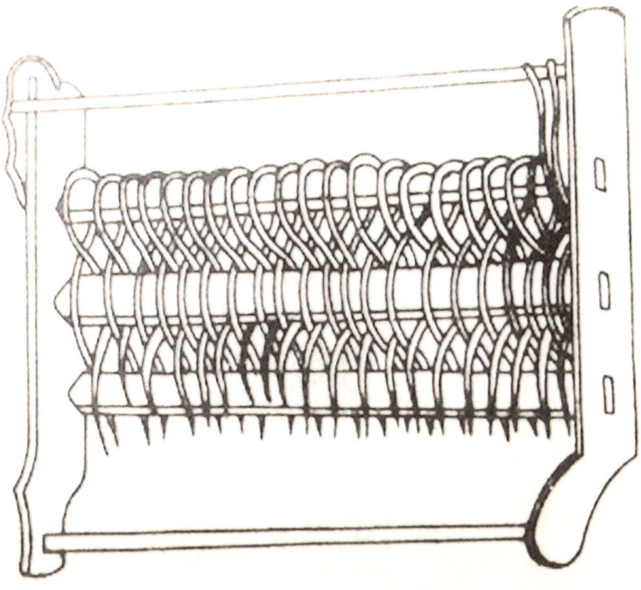

图十五　耮

图十六　挞

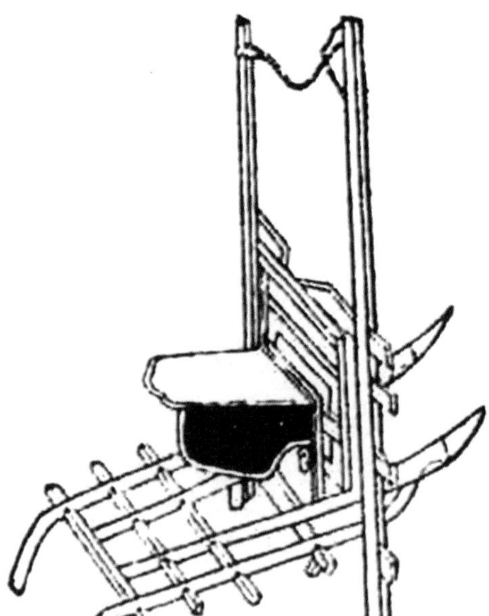

图十七　下种器——耧车

图十八　耨

图十九　镈

图二十　钱

图二十一　镫锄

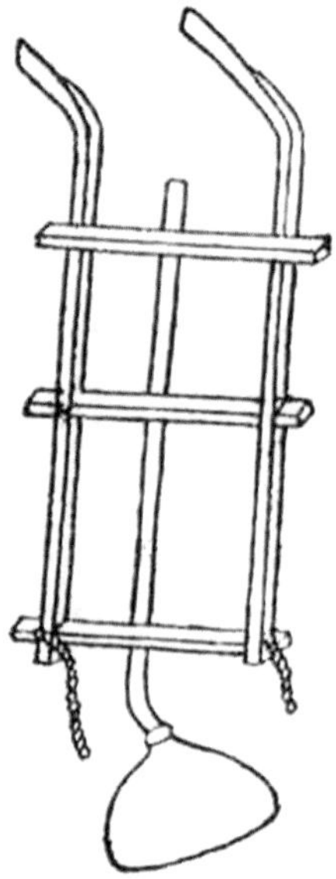

图二十二　耧锄

图二十三　铲

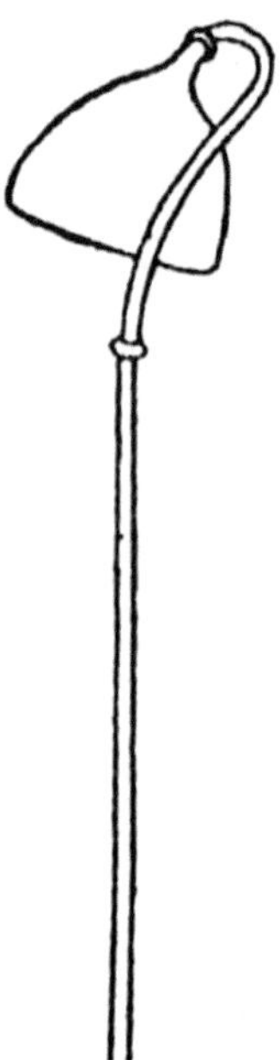

图二十四　耰锄

图二十五　锋

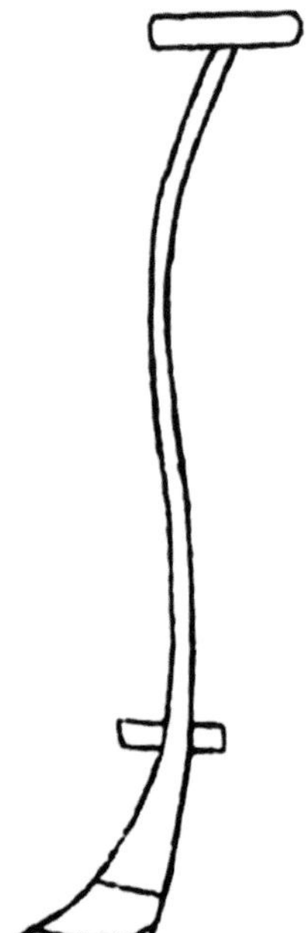

图二十六　锋

祖冲之使用的运算工具是竹棍，即古人所说的“算筹”。他计算圆周率，必须用算筹对九位数字的大数，进行130次以上的计算，这其中包括开方，运算非常艰巨。祖冲之写了一部数学著作《缀术》。《缀术》在唐朝时被用作学校的课本，后来传到日本、朝鲜，也被用作教材。

动脑筋

祖冲之是我国古代伟大的科学家，你认为他最值得你学习的地方是什么？

用几何方法寻求π值，计算量很大。德国数学家算出小数35位，几乎用了一生的时间。1948年，英国人弗格森和美国人伦奇两人，采用数学分析方法，借助计算器，求得了有808位正确小数的π。这是人工计算π的最高纪录。计算机问世后，π的纪录频频被打破。1990年的纪录已超过10亿位。现在打破纪录，不管推进到多少位，都不会令人感到惊奇。过多的位数在实用上没有价值，但计算π却成为检验计算机各项性能的一种好方法。

贾思勰和《齐民要术》

贾思勰

北朝的贾思勰（xié）是我国历史上著名的农学家。他注意向有经验的农民学习，并亲自参加农业生产实践。他写的《齐民要术》一书，总结了我国北方劳动人民长期积累的生产经验，介绍了农、林、牧、副、渔业的生产技术和方法；强调农业生产要遵循自然规律，农作物必须因地种植，不误农时；提倡改进生产技术和工具。《齐民要术》是我国现存的第一部完整的农业科学著作，在世界农学史上占有重要地位。

贾思勰种植农作物

贾思勰生活在北魏和东魏时期，做过东魏的太守。他一生致力于农业研究，翻阅大量古代农业文献资料，熟悉农谚、歌谣。他不辞辛劳，四处访问有经验的老农，还亲自种植农作物。在此

119

图二十七　中学历史课本中一页

图二十八　石声汉《〈齐民要术〉今释》（中华书局，2009 年版）

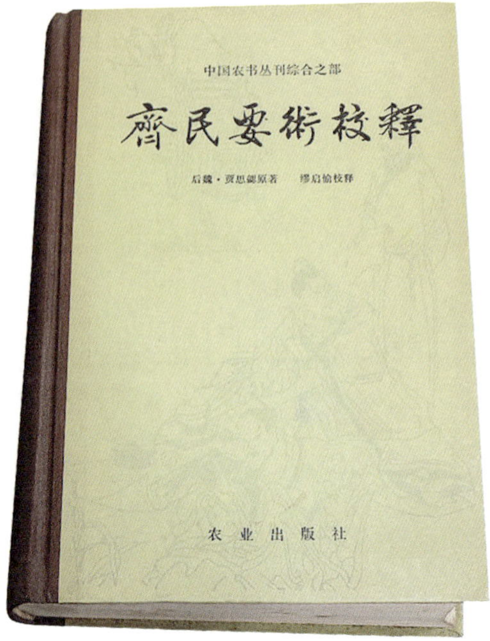

图二十九　缪启愉《〈齐民要术〉校释》（农业出版社，1982 年版）

图三十　[日] 西山武一、熊代幸雄译《齐民要术》（上下册）

《中国珍贵典籍史话丛书》序

书籍是记载人类文明发展历程的重要载体，是传播知识和保存文化的重要途径，它蕴藏着丰富的历史文化内涵，是人们汲取精神营养和历史经验的重要来源，在民族兴衰和文化精神的传承维系中，发挥着不可替代的作用。

《尚书·多士》云："惟殷先人，有册有典。"在中华民族数千年的岁月里，人们创造出浩如烟海的典籍文献。这些典籍是中华文明的结晶，是民族生存的基石和前进的阶梯。作为人类发展史上最有价值的文化遗产之一，中国古代典籍是构成世界上唯一绵延数千年未曾中断的独特文化体系的主要成分。

然而，在漫长又剧烈变动的历史中，经过无数次的兵燹水火、虫啮鼠咬、焚籍毁版、千里播迁，留存于世间的典籍已百不遗一。幸运的是，我们这个民族具有一种卓尔不群的品质：即对于文化以及承载它的典籍的铭心之爱。在战乱颠沛的路途上，异族入侵的烽火里，政治高压的禁令下，史无前例的浩劫中……无数的有识之士，竭尽他们的财力、智慧乃至生命，使我们民族的珍贵典籍得以代代相传，传承至今。这些凝聚着前人心血的民族瑰宝，大都具有深远的学术影响、独特的艺术魅力和突出的文物价值，是今天人们了解和学习我国优秀传统文化的宝贵实物资料。它们记载着中华民族的辉煌历史和灿烂文化，诉说着中华民族的百折不挠、临危不惧的民族精神，是先辈留给我们的宝贵精神财富。

新中国成立以来，党和国家高度重视典籍文献的保护工作。2007 年启动实施的“中华古籍保护计划”，由国家古籍保护中心（国家图书馆）负责实施，成效显著，在社会上产生了极大的反响。迄今为止，已由国务院陆续公布了四批《国家珍贵古籍名录》，收录了全国各类型藏书机构和个人收藏的珍贵古籍 11375 部，并拨付专项资金加以保护。可以说，这是一项前所未有的伟大事业。

尽管我国存世的各种典籍堪称汗牛充栋，但为典籍写史的著作却少之又少，许多典籍所蕴含的历史故事鲜为人知。如果不能及时加以记录、整理，随着时代的变迁，它们难免将逐渐湮没在历史长河中，成为中华文明传承中的一大憾事。为此，2012 年年底，国家图书馆启动了“中国珍贵典籍史话丛书”项目，旨在“为书立史”“为书修史”“为书存史”。项目由“中华古籍保护计划”支持立项，采取“史话”的形式，选择《国家珍贵古籍名录》中收录的蕴含着丰富历史故事的珍贵典籍，用通俗的语言讲述其在编纂、抄刻、流传、收藏过程中产生的引人入胜、启迪后人的故事，揭示其与当时的政治、经济、文化和社会发展的密切关系，力图反映中国书籍历史的辉煌与灾厄、欢欣与痛楚。通过生动、多样、丰满的典籍历史画面，使人们更深入地了解和认识典籍，领略典籍的人文精神和艺术魅力，感受中华文化的深厚底蕴。

中华优秀传统文化是我们最深厚的文化软实力。“中国珍贵典籍史话丛书”是以人们喜闻乐见的方式弘扬中华民族博大精深的灿烂文化，使书写在古籍里的文字活起来的一次有益尝试。丛书力求为社会公众提供普及读物，为广大文史爱好者和从业人员提供学习资料，为专家学者提供研究参考。其编纂主要遵循两个原则：一是遵循客观，切近史实。本丛书是关于典籍的信史、正史，而非戏说、演义。因此，每一种史话都是作者钩沉索隐、多方考证的结果，力求言之有据，资料准确，史实确凿，观点审慎；二是通俗生动，图文并茂。本丛书旨在让更多的人了解和热爱中华典籍，通过典籍深入理解中华文化。相对于一般学术著作，它更强调通俗性和生动性，以史话的方式再现典籍历史，雅俗共赏，少长咸宜。

我们真切地希望，通过这套丛书，生动再现典籍的历史，使珍贵典籍从深闺中走出来，进入公众的视野，走进每位爱书人心中，教育和启迪世人，推动"关爱书籍，热爱阅读"的社会风气的形成，让承载着中华文明的典籍在每个人心中长留悠远的书香，为提升全民族文化素养、推动传统文化与时代精神的融合发展做出积极贡献。

"中国珍贵典籍史话丛书"项目自启动以来，得到了社会各界的广泛关注和专家学者的大力支持。一批有较高学术造诣的专家学者直接参与了丛书的策划和撰稿工作，并对丛书的编纂工作积极建言献策，给予指导。借此机会，深表感谢。以史话的形式为书写史，尚属尝试，难免有疏漏、不妥之处，敬请专家学者批评指正，也欢迎广大读者提出宝贵意见和建议。

韩永进

2014 年春于北京

目　　录

前 言

《齐民要术》是中国现存最早最完整的古代农学名著，也是世界农学史上最早最有价值的名著之一。长期以来深受国内外推崇，在今天也还焕发着农业科学技术的光辉。此书大约写成于公元 6 世纪 30 年代到 40 年代之间。作者贾思勰生活在南北朝的后魏。他是山东益都（今山东寿光县）人，到过山西、河北、河南等省，足迹遍及黄河中下游地区。书中所反映的也是黄河中下游地区的农业生产情况。

贾思勰十分重视农业，所到之处，随时随地细心考察农业生产，通过调查采访、比较研究和亲身验证，积累了比较丰富的农业知识。在前代和当代的农业生产技术经验的基础上，加以总结、实验和提高，写成了这部世界农学名著。书的内容丰富多彩，规模宏伟，包括农、林、牧、副、渔各个方面，成为总结我国农业精耕细作和多种经营优良传统的代表作，也是继往开来的划时代的创新巨著。

但是，《齐民要术》由于古今名物异称，古今地方方言不一，技术性词语古今分歧，加上流传至今年代久远，在辗转传抄、翻刻、排印的过程中，衍生了不少错字、脱文、窜改等情况，因此世称“难读”。缪启愉教授一直有一个愿望，就是先校释《齐民要术》，再译注《齐民要术》，再导读《齐民要术》，再编写《齐民要术》史话，再编写《齐民要术》选读。

这次《〈齐民要术〉史话》收入《中国珍贵典籍史话丛书》，帮助家父完成心愿，令我十分感激！我完全尊重家父对《齐民要术》的研究，参照家父的《〈齐民要术〉校释》《〈齐民要术〉译注》《〈齐民要术〉导读》，完成《〈齐民要术〉史话》的编写。本书完全参照家父的研究成果编写，但因本人水平所限，错误疏漏难免，祈请广大读者不吝赐教。

在这里还要感谢山西太原博物馆、山东潍坊博物馆、中国农业遗产研究室对我编写的支持与帮助！

（为尊重《齐民要术》原著，本书中一律使用“后魏”而不改用“北魏”。特此说明）

缪桂龙

2015 年 2 月 12 日

于南京农业大学

第一章　《齐民要术》的作者与成书年代

我国自古以来是一个农业大国。劳动人民在长期的生产实践中积累了丰富的经验，取得了举世瞩目的成就。后魏高阳太守贾思勰在前人经验的基础上，经过毕生努力，完成农学巨著《齐民要术》。

《齐民要术》十卷，是我国现存最早最完整地保存下来的古代农学名著，也是世界农学史上最早最有价值的名著之一。书中的“齐民”，意思就是平民百姓，“要术”是指谋生的重要方法，四字合起来说，就是人民群众从事生活资料生产的重要技术知识。

阅读《齐民要术》，我们首先要了解它的作者、成书年代、记述的农业地区、成书概况、主要版本、在国内外的学术地位、近代整理与研究情况等等。

第一节　作者后魏高阳太守贾思勰

《齐民要术》的作者贾思勰（xié，多用于人名），史书里没有他的传记，别的文献也不见记载，他的一生事迹留给后代的是一纸空白。我们选了近代有关贾思勰的一些图像资料置于文前（图一至四）。

这些当然是艺术家们的想象。现在唯一确凿的是《齐民要术》题署“后魏高阳太守贾思勰撰”，知道他当过“高阳太守”（图五）。

遗憾的是，这个“高阳太守”的信息也存在分歧。因为后魏有两个高阳郡：一个在河北，郡治在今河北省高阳县境内；一个在山东，郡治在今山东省桓台县东。贾思勰究竟在哪个高阳郡当太守，从清代以来，中外学者做了不少考证，因史证缺乏，难以做出定论。

不过贾思勰是什么地方人，《齐民要术》写成在什么时代，这两个问题，学者们的意见倒是基本一致。

先说贾思勰是山东益都（旧治在今山东省寿光县南）人。理由是：后魏末年有贾思伯、贾思同兄弟二人，《魏书》里有两人的传记，是齐郡益都人，都在朝廷做官，给魏帝讲解《杜氏春秋》。贾思伯死于公元525年，贾思同死于公元540年。由于贾思勰与这二人同时，取的又都是“思”字名，后人推测贾思勰很可能与这两人是同族兄弟，也是齐郡益都人。现在一般都同意这个推测。

再从地望上来考查。《齐民要术》中出现最多的有关地域的名称是“齐郡”“齐人”“齐俗”“青州”以及“西安”“广饶”等。搞清楚这些名称的关系，也可以进一步推断他是山东益都人。

齐郡属于青州，益都是齐郡的郡治，西安（今山东益都县境）、广饶（今山东广饶县）是齐郡的两个县，跟郡治益都邻近。齐郡的行政区域在今山东中部及偏东一带。

《齐民要术》说到青州的“乐氏枣”，细核多肉而甜美，“天下第一”，就是齐郡西安、广饶两县的名产。又说，青州从外地引种蜀椒（花椒），如今推广开来，已经基本上分布全州。特别注意的是常说“齐人”“齐俗”

怎样怎样，意味着他对齐俗很熟悉，也受到齐俗长年累月的熏陶。在谈到犁的结构性能时，还把“济州以西”（济南以西）和“齐人”分开来说，说济州以西那种犁笨拙，不及齐人用的犁轻便灵活，这明显是站在齐郡立场上来与外州比较（图六）。

贾姓是那时齐郡的望族，贾思勰的“地望”和乡土观念跟“齐”离不开很明显。所以我们推测：益都、齐郡、青州是贾思勰的家乡辐射圈，他最小一圈（通常说的原籍）该是益都。

贾思勰的生卒年月无从查考。他主要生活在后魏（即北魏）时期，到晚年，后魏灭亡，跨入东魏时期。东魏是从后魏分裂出来的，存在的年份很短，所以贾思勰仍称后魏贾思勰。

第二节　《齐民要术》成书年代

《齐民要术》成书年代应在公元6世纪30年代到40年代之间，距今差不多1500年。

以下两点作为推测成书年代依据：

（1）书中提到“杜葛乱后”，连年饥荒，河北人民只靠吃干桑椹苟延残喘。杜指杜洛周，葛指葛荣，二人带兵起事，攻占河北六州，人民遭殃极其惨重。三年后，公元528年，杜葛二人失败身死。这次事变贾思勰是亲眼见到的。他的书该是在事变之后写的。

（2）书中提到西兖州刺史刘仁之在洛阳试种区田，他告诉贾思勰说取得很高很高的收成。西兖州在今山东定陶一带。刘仁之出任西兖州刺史在后魏末帝——孝武帝（即出帝，532—534）时，东魏武定二年（544）卒。这反映在刘任西兖州刺史之后，至刘未死之前，贾氏正在写书。但不能肯定说在刘任该职之前贾氏并未开始动笔，也不能肯定说刘死时书已写成脱稿，所以可以把成书年代拉长一点，推定为6世纪30年代到40年代之间。

第三节 贾思勰的写作态度

贾思勰在自序中明确表态："鄙意晓示家童，未敢闻之有识，故丁宁周至，言提其耳，每事指斥，不尚浮辞。"（图七）"家童"是指家中从事劳动生产的奴婢，不是贾家的年轻子弟，实际它是以劳动群众为读者对象，所以才特别说明不是给有学问（"有识"）的人看的。

这里虽然含有贾思勰谦虚的成分，其实也是实情。因为自古读书人看不起庄稼人，也看不起农书，直至明代还有人说《齐民要术》只是拿来覆盖酱坛子的废纸。贾氏有"自知之明"，不是为文人学士写的。

依据贾氏的写作态度，其写作体例必然是记述的体裁，不高谈阔论，写作技巧浅近平易。"不尚浮辞"，使广大群众容易接受。

贾氏确实如此，他的写作态度严肃认真，文词表达朴实明爽，摒弃冷词僻典，没有一句转弯抹角，或者意义含糊不明；申说道理不厌其详，却也清楚明快。《齐民要术》行文给人的总的感觉是一种明白、朴素、直爽、紧凑的风格，娓娓道来，接近口语，如说家常。跟当时的浮靡文风大相径庭，是下了很大功力的。偶尔也有排偶式的句子，但仍以浅近易懂的意思组织在排偶的句式中，在直率朴质中增添了一点文彩，并没有以辞碍意。

贾思勰写的《齐民要术》贯彻一种踏实严谨的作风，他的材料来自农业实践，通过思考验证加以总结提高，升华为农业科学技术的精华，具有超前的创新和综合性质。引用前人资料，一一标明出处，而且忠实地保留原文，不擅改一字，开创了引书的新风格，在古代农书中是一种典范，可惜以后的农书很少继承下来。

《齐民要术》的农业地区范围很广，记述的生产项目很多，涉及人们物质生活需要的各个方面，内容丰富多彩，规模庞大。要把如此宏伟复杂的生产素材加以整理展现在纸上写成书，工作的艰巨自不必说，更需要有清醒的头脑和认真严肃的态度。《齐民要术》的最可贵之处就在于作者不是在书堆里东抄西抄，更不是道听途说，信口开河，随便下笔，而是以多方面多类型的调查、实践为基础。

在《齐民要术》的自序里清楚地标明资料四个方面的来源："采捃（jùn，摘取）经传，爰（yuán，就，兼顾）及歌谣，询之老成，验之行事。"（图八）

也就是说贾思勰的写书原则是：

（1）尊重历史发展：有选择地摘录古人有关农业政策和农业生产的文献，尊重历史延续性和发展，作为当前的精神激励和生产上的借鉴。

（2）收采农谚：农谚是活跃在群众中的生产经验总结，是经过长期考验具有旺盛生命力的活教材，也是高度概括的科学技术格言。

（3）吸取群众经验：向富有经验的老农和内行请教，吸取当时广大群众的宝贵经验，群众经验是最宝贵的技术源泉。

（4）亲身验证：来自各方面的生产经验，究竟是否完全正确合理，最后通过亲身实践加以验证和提高。

贾思勰从这四个方面汇集资料写成这部书，说明他非常重视实践，实践领域扩展到农谚、群众经验和亲身验证三个方面，可以说包罗极广。

相传贾思勰曾养了200只羊，由于饲料准备不足，饿死大半；后来又养了一群羊，这次准备了充足的饲料，可羊还是死了不少，这是什么原因呢？他不辞辛劳，到很远的地方向养羊的能手请教，帮助他找出原因。原来，他把饲料随便扔到羊圈里，羊踩来踩去，又在上面拉屎拉尿，羊就不肯吃了，结果饲料虽然充足，羊仍饿死。贾思勰非常高兴地在羊倌家住了好几天，仔细观察羊倌的饲养方法，把这好的方法记录下来。

贾思勰还风餐露宿，跋山涉水，深入民间宣传推广农业生产和农产品加工技术。可以这样说，《齐民要术》来自群众，经过总结提高而作为农业实践的结晶又回到群众中去，所以深受群众的欢迎和赞扬。作为太守的贾思勰能有这种尊重客观事物的务实精神，在古代确实是难能可贵的。

第二章 《齐民要术》的内容与版本

第一节 记述的内容与涉及的农业地区

一、《齐民要术》涉及的农业地区

那么《齐民要术》涉及的是什么地区呢?

农业是有地区性的，阅读研究古代农书，首先要弄清这个问题。可是古人写农书先交代地区范围的很少很少。一般可从作者生平事迹和写书的地点等方面，探索出地区范围。可是贾思勰的生平事迹是空白，这条路就走不通。现在，只有从《齐民要术》中反映的地区性农业资料和贾思勰活动的地区，摸索出其地区的轮廓。

(1)《齐民要术》中常常出现青州、齐郡、齐人、齐俗、济州等地域性资料，特别是常说“齐人”怎样怎样，这反映了作者对齐人有深厚的感情，也反映了对家乡齐地的农业情况相当熟悉。就农业地区来说，说明今山东地区是这部书的小地区，也是重点地区。

(2)书中涉及的山东以外的地方有并州、壶关、上党、井陉、朝歌、“河以北”等，地域广及现今的山西、河南、河北等地。这是这部书的大地区，加上山东在内，就是黄河中下游地区。

(3)再就作者的活动地区来考察，书中反映了作者除山东外，到过今山西、河南、河北等省，足迹遍及黄河中下游，跟他写书地区符合。

必须进一步弄清楚，贾思勰到外地去是干什么？是工作还是路过？还是探亲访友？我们没法知道。但从书中我们可以清楚地觉察到，他每到一地都十分重视农业生产，不是游山玩水，而是随时随地留心观察农业生产技术，并进行比较研究。例如，书里面写下了植物引种到环境起了变化的地方会引起变异的观察记录，这不但是中国，也是世界上关于生物遗传变异的很早的“科学报告”。他如果不通过对多种作物长时间生长季节的精心观察以至实践，这样的报告是绝不可能杜撰出来的。尤其值得注意的是，他记录的变异植物不只一种，其地区广及今山西、河南、河北、山东的某些区域，充分反映了他每到一处都在关心着农业生产的实际效益。外州的作物品种有哪些特性，是否优良，可不可以引种改良，有什么好的技术经验可以吸取，等等，一系列问题都在他的头脑中萦（yíng，缠绕）绕着、牵挂着。基于这样的技术观念和求实精神，使得他的农业知识比较全面，能融合本地区和外州的农业技术于一炉，所以写出了如此超越前人的农学巨著。

根据上述，《齐民要术》所涵盖的农业地区，主要是黄河中下游地区，以山东地区为重心。这一地区的气候、土壤等条件基本相似，就耕作栽培特点来说，同属于北方旱作农业地区。

另外，书中有的地域概念需要辨别清楚。它提到了“漠北寒乡”，也提到“吴中”“吴人”，一个在沙漠以北，一个在江南，这只是偶尔提到哪里有哪种情况，不在《齐民要术》农业经营的范围之内。书中又常提到“中国”，这个“中国”指的是后魏的疆域，主要指汉水、淮河以北，不包括江淮以南。这些是贾思勰那时的地域概念。

二、《齐民要术》记述的内容

贾思勰在自序中说："起自耕农，终于醯（xī，醋）醢（hǎi，酱），资生之业，靡（mǐ，无）不毕书。"（图九）就是说，从农作物耕作栽培开始，一直到制醋做酱等等，凡是人们生产、生活上所需要的项目，统统记载下来，以百科全书式的总体结构展现在我们面前。

《齐民要术》全书十卷，92 篇，连卷前的《序》和《杂说》，共 115000 余字，是大部头农书。它几乎囊括了古代农家经营活动的所有事项，而且还不是家家都能样样做到的，规模之大是空前的，超过以前任何农书。我们先看看它的篇目，来了解它的内容：

卷前：序，杂说。

卷一：耕田第一，收种第二，种谷第三。

卷二：黍穄（jì，黍中米粒不黏的。启愉认为是黍的变种）第四，粱秫（shú，糯粟、黏粟）第五，大豆第六，小豆第七，种麻第八，种麻子第九，大小麦第十，水稻第十一，旱稻第十二，胡麻第十三，种瓜第十四，种瓠（hù，瓠子）第十五，种芋第十六。

卷三：种葵第十七，蔓菁第十八，种蒜第十九，种薤（xié，鳞茎供食用）第二十，种葱第二十一，种韭第二十二，种蜀芥、芸薹（yún' tái, 油菜的一种）、芥子第二十三，种胡荽（suī，芫荽，即香菜）第二十四，种兰香第二十五，荏（rěn，白苏）、蓼（liǎo，香蓼）第二十六，种姜第二十七，种蘘荷（ránghé，又叫蓠菹）、芹、苣（jù，莴苣属的植物）第二十八，种苜蓿第二十九，杂说第三十。

卷四：园篱第三十一，栽树第三十二，种枣第三十三，种桃柰

（nài，这里是衍文）第三十四，种李第三十五，种梅杏第三十六，插梨第三十七，种栗第三十八，柰（nài，即苹果）、林檎（qín，即沙果，也叫花红）第三十九，种柿第四十，安石榴第四十一，种木瓜第四十二，种椒第四十三，种茱萸（zhū yú，调味，果肉供药用）第四十四。

卷五：种桑、柘（zhè，桑科，又名黄桑、奴柘）第四十五（养蚕附），种榆、白杨第四十六，种棠第四十七，种穀楮（chǔ，落叶乔木）第四十八，种漆第四十九，种槐、柳、楸、梓、梧、柞第五十，种竹第五十一，种红蓝花、栀子第五十二，种蓝第五十三，种紫草第五十四，伐木第五十五。

卷六：养牛、马、驴、骡第五十六，养羊第五十七，养猪第五十八，养鸡第五十九，养鹅鸭第六十，养鱼第六十一。

卷七：货殖第六十二，涂瓮第六十三，造神曲并酒第六十四，白醪曲第六十五，笨曲并酒第六十六，法酒第六十七。

卷八：黄衣、黄蒸及糵（niè，制饴糖用的麦芽）第六十八，常满盐、花盐第六十九，作酱等法第七十，作酢（cù，即醋字）法第七十一，作豉法第七十二，八和齑（jī，细碎的调味香料）第七十三，作鱼酢（zhǎ，一种加米饭酿制成的鱼肉）第七十四，脯腊第七十五，羹臛（huò，肉羹）法第七十六，蒸缹（fǒu，一种蒸法）法第七十七，胚、脂（zhēng、ān，同类，都是一种烩法）、煎、消第七十八，菹（zū，酸菜，腌菜）绿第七十九。

卷九：炙（zhì，烤）法第八十，作脺（zǐ，带骨的肉酱）、奥、糟、苞第八十一，饼法第八十二，粽、糙（yè，竹箬裹蒸的糯米粉糕）

法第八十三，煮䴵（miàn，一种糊状的食品）第八十四，醴（lǐ，甜酒，但这里不是，而是一种液态的带渣的麦芽糖）酪（lào，乳酪，但这里也不是，而是一种像乳酪的杏仁汁凝固的“冻”。醴酪：加饴糖的杏仁麦粥）第八十五，飧（sūn，飧饭：水泡饭）饭第八十六，素食第八十七，作菹藏生菜法第八十八，饧（古念táng，即今糖字）餔第八十九，煮胶第九十，笔墨第九十一。

卷十：五谷、果蓏（luǒ，瓜类）、菜茹（rú，菜类）非“中国”物产者。（按：“中国”指我国北方，主要是后魏的疆域。本卷只有这一篇，按顺序第九十二篇，全是引录前人的文献资料，主要记述我国南方的热带亚热带植物资源）

我们说到“大农业”，常指农、林、牧、副、渔，这和《齐民要术》的次序安排竟是不谋而合，也是农、林、牧、渔、副，这里渔在副前似乎更合理些。

《齐民要术》十卷中，前六卷是农、林、牧、渔，占着大农业的四个方面，是主要的；后三卷是副业，是次要的；最后一卷是南方植物，是附录性的参考资料。

前六卷的安排也是有层次的。

谷类作物历来是我国人民的主食，所以《耕田》《收种》最先记述之（卷一、卷二）；主食不能没有佐餐的蔬菜，卷三记述之。水果也是不可缺的食物，但不像粮食、蔬菜那样每顿少不了，所以水果在蔬菜之后（卷四）；讲了吃的，还要讲穿的住的，所以栽桑养蚕和栽树列卷五；肉食十分重要，动物饲养列卷六。

后四卷是酿造、食品加工、荤素菜谱、煮胶笔墨及南方植物等。

在各篇中也有先后主次：

如卷一，粟，在我国古代很早就是北方的主粮，排在首位。大豆、麻（大麻）也是古代五谷之一，紧排其后。之后才是大小麦和稻谷（稻麦到了元代在同是北方农书的《农桑辑要》里才跃居到重要地位）。

又如蔬菜，现在人们陌生的葵，当时是“百菜之王”，排在首位。白菜、萝卜、茄子只附带提一下。

古代五果：枣、李、栗、杏、桃，枣为首。因为枣是北方很重要的果品，栽培历史很久。枣树寿命长，老树也能丰产。果实是一种补品，也供药用，耐贮藏。木材坚硬，纹理细致，经济价值高，为桃李等所不及。

树木，栽桑养蚕自古是与农耕并重的家庭副业，列卷五之首。

牛马是最重要的畜力，列动物饲养之首。总之《齐民要术》的编排次序是井井有条的。

《齐民要术》的篇章结构，几乎全是由三部分组成：解题、本文、引文。这三项组合成“三合一”的有机结合的统一体，成为篇章组成的三要素，具有不可分割的完整性和系统性。

解题：解题部分在每篇的最前面，即在篇题下首先以小字注的形式出现。内容先引前人文献，后加作者按语，包括该篇作物（或动物）名称的解释和辨误正名、历史记载、往昔和当今的丰富品种及地方名产、引种来源，兼及生物形态和性状，凡是对该生物需要知道的一般知识，尽量做到有啥说啥，使读者在阅读正文前对篇题对象先有一般性了解。

本文：解题之后接下去就是贾氏本文，全是作者调查访问和观察实践所得的第一手资料，书的精华几乎全在这一部分。

引文：本文之后接下去是引文，引录前人资料作为农业技术的补充说明和充实有关农业的内容。

解题、本文加引文，构成每篇三结合的统一体，就是说，先把名物辨别清楚，然后才能做针对性的论述，这之后，再援引第二手历史资料做补充说明。这样的编写体裁是贾氏首创，也是十分恰当的。

第二节 《齐民要术》内容的真假

《齐民要术》内容有真假吗？回答是肯定的。古书经过长期的流传，不可避免地产生很多抄刻上的错、脱、窜、衍，甚至掺进一些假的东西。

《齐民要术》中掺假的东西，有的无关紧要，不伤大体，有的却关系到时代的先后和人们的思想认识问题，从农学发展的角度来衡量，就不能不加以注意了。真假问题反映在量的多少上，就是多出来的东西是假的，少去的东西却是真的。《齐民要术》在这两方面都有，不过多出来的稍为多些，少去的很少。

一、多出来的问题

（一）前列篇目中有一篇卷前的《杂说》是突然冒出来的，这是公认的后人掺杂之作，不是贾思勰的手笔。

这从《杂说》的田亩制度、作物种类和名称、农具的方言、耕作技术以及文词笔调等等方面都明显地表现出和贾氏本文不同，可以得到充分证明。何况《齐民要术》本身已有一篇《杂说》，排在九十二篇中的“第三十”，同一作者在同一本书里怎么可能自己乱套又来一个卷前《杂说》呢？

那么，卷前《杂说》究竟是什么时代的人搞的夹带呢？要回答这个问题，从农业技术本身去找答案是困难的，只能从语言学的发展上去探索，可以摸到一点线索，那就是它可能是唐代人搞的名堂。南京大学中文系研究语言学发展史的柳士镇教授说："'了'字的用作动作完成的过去词是隋唐以后才开始通俗起来的，以前是很少用的。"《杂说》不到1200字，"收了""耕了"等等习语出现四处，《齐民要术》11万多字，这样的口语绝无仅有。无独有偶，唐末的《四时纂要》中只要是韩鄂的本文，常是"插了""拌了""洗了"……成为口头禅，出现不少。而《杂说》在《齐民要术》最早的北宋崇文院刻本中已赫然在目，因此，它很可能是唐代人的冒牌私货——利用《齐民要术》来传播该冒牌人颇为自负的农业生产经验总结。

另外，《大小麦》篇篇末的"青稞麦"条，很可怀疑，恐怕也不是《齐民要术》原有。

（二）《齐民要术》中有大量的小字注文，这要分别看待。

注文的绝大部分是贾思勰自己写的，作为正文的补充说明和申说利弊得失的道理，和正文同样重要。在很多场合，有了注文才使正文更具体，更明确，更有说服力，理解得更透彻，可以说注文比正文还重要。这部分注文最多，与正文血肉相关，不是作者本人是很难写出来的。

另外，篇首的解题部分，也以双行小字的形式出现，也是贾氏自写的。

还有只有标目是大字，下面内容全是双行小字的，也是贾氏本人的材料。其实这些完全不是注文，只是应该是大字正文而以小字的形式出现罢了。为什么会变成小字，是贾氏原来的式样，还是后人改变了的，就没有必要去追究了。

但是，《齐民要术》的注文中确实有些是后人加进去的，但不多。可以分四种情况：

（1）对某些不常见的字的注音和解释（大多是注音）。一般说，作者本人不会故意用僻奥的字却又自己来加注，何况贾氏写书的要求是通俗易懂。究竟是什么人加的注，就没法查考了。南宋李焘说有个“孙氏”曾经给《齐民要术》做过“音义解释”，可是孙氏与李焘是同时代的人，而这些音义小注在北宋本中已经有了，因此不可能是孙氏的注。再者，注音大多数是用反切法，少数注同音的字，可反切法有时作“反”，有时又作“切”，一个人作注不该出现这种不一致的现象。怀疑这些小注并非出自一人，有的可能是读者的旁注而被刻书人收进去的。

(2) 刻书过程中用别本校对发现的异文，加小注校出，如“一本作 ×”等。这是刻书人所加的校注，极少，全书只有三处。

（3）引《汉书》的正文下面出现唐代人颜师古的注，这明显是后人依据《汉书》硬插进去的。有人抓住这点“把柄”对贾氏自注也产生怀疑，认为不会自己写书自己作注。其实古人写书是有自写自注的写作方式的，魏晋南北朝时期还比较盛行。

(4) 有些注文和正文不相干，或者口气不同，很可能是后人塞进去的，但很少很少，只有几处可疑。

（三）这里有个似是而非的问题，需要辨别清楚，就是《齐民要术》里面有些讲农产品买卖的内容好像是假的，是后人外加的，其实不然，那是《齐民要术》原有的，不是后人掺假的。

贾思勰在自序里明确表示：“舍本逐末，贤哲所非，日富岁贫，饥寒之渐，故商贾之事，阙（quē，同缺）而不录。”（图十）可是，《齐民要术》卷三有一篇《杂说第三十》，还有其他各卷讲谷物、蔬菜、经济作物和树木栽培技术的某些篇中，都提到农产品的交易换钱或价格贵贱的预测问题，这不是和“商贾之事，阙而不录”大相矛盾吗？还有，卷七的《货殖》，整篇讲的都是生产交易发家致富的事，矛盾不是更突出吗？因此，不少人怀疑这些东西都是假的，是后人加添的。

要说明这个问题，首先要弄清“商贾”和“货殖”的含义，就是贾思勰是怎样理解这两个词的。其次，要探究那时士人和农、工、商的社会关系，就是贾氏是怎样看待农、工、商的。

对于“商贾”，贾氏有明确的概念，就是“舍本逐末”和“日富岁贫”的两个特征。“本”，指农业生产；“末”，指脱离生产专门以经商买卖为业的人——开店的或贩运的，就是古人说的坐商叫作“贾”，行商叫作“商”，都是以此专业为生的。“日富岁贫”，意思是说一天赚了大钱可以暴富起来，但碰巧赚钱不能解决终年的贫困，因为它脱离农业生产的根基，是没有根本保证的。用现在的话来说，等于投机倒把，买空卖空，随时有破产的可能。丢掉“农本”，专搞买卖或投机，这才是贾思勰极力反对的。

回头再来对比《齐民要术》，它讲的蔬菜、木材等的交易换钱，都是自己生产的农产品，产品丰收了，当然可以附带卖一些，钱从“农”出来，又回到“农”上去（用于再生产），所以没有离开“务本”，根本不是“舍本逐末”。贾氏认为这样做是农家分内之事，根基是扎扎实实的，和“商贾”完全不同，所以写这些丝毫没有违背“商贾不录”的宗旨。

再如《齐民要术》说到谷物种子不能混杂，混杂了“粜卖以杂糅见疵”，芜菁要种卖根叶粗大的“九英”品种；在市场上买麻子、韭菜籽要测试一下新陈，等等，这些都是农家正常的买卖活动。

关于“货殖”，《齐民要术》在《货殖》篇中主要是引录了《汉书·货殖传》的材料，那里面讲的几乎全是农、林、牧、渔和副业生产的事项。所谓“货殖”是以生产为基础的生财之道，没有脱离农副业生产，买卖是以“自产自销”的方式进行，与空头“商贾”有明显的区分。这和贾思勰反对“舍本逐末”的观点是一致的，所以安排上了《货殖》这一篇。从事农副业生产致富，历来是农本政策的高标准要求，所以司马迁首创《史记·货殖列传》还加以赞赏呢！

回头再来看看《齐民要术》的《杂说第三十》大量地引录了《四民月令》中除农业以外的资料（农业资料《齐民要术》已分引在有关各篇中），其中差不多每月都记载着农副产品买进卖出的事项，贾氏一律保留没有删去。很明显，贾氏这样做，一是他本人就是士，继承了崔寔的以农、工、商养士的传统观念，二是农副产品的买进卖出根本不是“商贾”，崔、贾观点更是一致，所以不在“商贾不录”的排斥之列，应该写进去。从这一思想认识出发，《杂说第三十》和别处引录了一些农产品价格预测的文献，也是顺理成章的。

从上面的说明，我们可以知道《杂说第三十》《货殖》篇以及贾氏本文的农产品买卖，都是《齐民要术》原书的组成部分，不是什么“冒牌货”。

二、佚失的文字

《齐民要术》中有佚失的文字，但很少。

佚失的文字，显而易见的有：卷五《种漆》篇只讲到漆器的收藏保养方法，没有漆树栽培的记载；同卷《种红蓝花及栀子》篇也只讲种红蓝花（即红花），没有讲到种栀子。按照《齐民要术》的编写体例，所有植物以记述栽培技术为主旨，可这两处没有，应是后来佚失的。如果说，贾思勰原来准备写而没有写上，可能性不大，因为他为了便于检阅，书写成后，“卷首皆有目录”（自序），目录是和卷内篇名一致的，如果没有写上，最后的目录上就不该有。

隐没不显的有：卷九《饼法》篇丢失“曼头饼”（馒头）和“浑沌饼”（馄饨）二条。这是从唐代人引说《齐民要术》的资料中发现的，还没有人提到过。唐代段公路写的《北户录》中记载有“曼头饼”和“浑沌饼”。同代人崔龟图给该书作注，在“曼头饼”下作注说：“《齐民要术》书上字，束皙（xī）《饼赋》作‘馒头’字。”在“浑沌饼”下又作注说：“《齐民要术》书上字。”“书上字”是说《齐民要术》对这两种“饼”名的写法跟上面《北户录》的写法一样，也写作“曼头”和“浑沌”，说明唐代的《齐民要术》本子中原有“曼头饼”和“浑沌饼”的作法，但今本《齐民要术》自最早的北宋刻本以下，这两条都不见了。证明这两条是唐本原有的，到北宋翻刻用的底本就已经佚缺了。

第三节　《齐民要术》的主要版本

《齐民要术》（以下简称《要术》）的最早刻本，据现在所知，是北宋初期的崇文院刻本，在这以前大概还在抄写流传的阶段。以后南宋、元、明、清都有刊刻。清以后还有石印本和铅印本。所有这些后出之本都由北宋崇文院本辗转传承下来，不下20种，其质量都没有超过北宋本的，而明代刻本和据明刻本翻刻的本子质量更差。

崇文院刻本现仅存两卷，在日本；另有崇文院系统本的抄写本九卷，亦在日本。这两本的质量相当好。南宋张辚刻本早已佚失，现在有残缺不全的校宋本。南宋还有张辚本的覆刻本，亦已散失，现在有它的抄本，就是《四部丛刊》影印之本。这两个南宋本也相当好。

元代刻本未见，但从有关文献可以推知它的质量并不好，它是开《要术》劣本之渐而严重影响以后刻本的。可是元代的《农桑辑要》引录了《要术》前六卷的大量资料，质量好，基本上和两宋本的内容相符，反映它是用两宋本为底本的。

明代有三种刻本，即一、马直卿湖湘刻本，是元刻本系统的覆刻本，现在几成孤本；二、华亭沈氏竹东书舍刻本，现在也很少；三、《秘册》—《津逮》本，即胡震亨（1569—1645）《秘册汇函》（简称《秘册》）本和毛晋（1599—1659）《津逮秘书》（简称《津逮》）本，是湖湘系统本的覆刻本，印数最多，流传最广，影响最大，毛晋本是现在常能见到的本子。这三种本子都直接间接沿袭元代刻本而来，质量都不好，而胡、毛刻本最差。

清代乾嘉以后开始对明代劣本进行勘谬工作，其中得到出版的有两种本子，即张海鹏的《学津讨原》（简称《学津》）本和袁昶的《渐西村舍丛刊》（简称《渐西》）本，有一定程度的勘正，但离开两宋本水平还相当远。另有几种校勘得相当精好的稿子，超过《学津》和《渐西》本，但都没有出版。以后翻刻或续印之本不少，都没有超出《学津》本、《渐西》本的水平，甚至还有依据明代《津逮》本翻印或影印的，质量更差。乾隆初年，同时代的日本也有据《津逮》本覆刻之本，以后还有据该覆刻本一再翻刻和重印之本，当然也只能是《津逮》劣本的翻版。《要术》各本，至明代变得很差，清代做了不少纠谬工作，但相差还远，至于《渐西》本以下，更不足论。所以《要术》的主要版本只介绍北宋崇文院刻本至《渐西》本止，其余概从略。

一、北宋崇文院刻本

崇文院刻本是北宋仁宗天圣年间（1023—1031）官刻本子。据元马端临（约1254—1323）《文献通考·经籍考》所载南宋李焘（1115—1184）《孙氏齐民要术音义解释》称：宋真宗天禧四年（1020）诏刻唐韩鄂《四时纂要》及《齐民要术》两书，“以赐劝农使者”，元王应麟（1223—1296）《玉海》亦载其事，是因利州转运使李防（原讹作李昉）的请求而诏刻的。这是刊行《要术》的最早记载。另据《要术》南宋张辚刻本葛祐之《序》称张辚据刻的原本是“天圣中崇文院校本，非朝廷要人不可得”，所称天圣中校本，实际就是天禧四年诏刻之本，到天圣中校刻完成颁行的。崇文院是北宋国家藏书馆，掌管图书和校理典籍。这个本子大概是脱离抄写流传阶段的最早刻本。

崇文院刻本（简称“院刻”）大概在元明之交已散失。现在只有日本还残存着这个本子的第五、第八两卷，原藏日本京都高山寺，所以也称“高山寺本”。书中“玄”“敬”“竟”“殷”“恒”等字均缺末一笔，是避赵匡胤之始祖（名玄朗）、祖（名敬）、父（名弘殷）及宋真宗（名恒）的名字和同音字改的。又“通”字亦缺一笔，则是宋仁宗时避刘太后父（名通）改的。通字避改只在仁宗初年，天圣的九年在其内，至明道二年（1033）就明令不再避改，因此可以推定高山寺本是天圣间崇文院刊本。

高山寺本版框高24厘米，宽15.5厘米。每半叶八行，行大字十七八，小字二十五六（间有二十七八九）。版心折叠处刻“民一”“民五”或“民八”字样，“民”代表《齐民要术》，数字就是卷数，现存的两卷，卷五连总目共28叶，卷八连总目共38叶，但卷八脱去最后半叶。刻字朴健精好，具有宋版的特色。没有空白、墨钉，错字脱字也很少，可以推知其据刻原本比较完好并且校刻是比较精审的。年久不免蚀烂剥落，不过损坏之处以叶心外的天地空白和版心的折边上为多，叶里较少，所以除少数字残缺不清外，基本上还是完好的。

院刻距《要术》的时代较近，原本上还没有产生很多错误，校勘也比较认真，采取保存原样注明异文的态度，无任意更改之弊，因此具有相当高的正确率，为以后续刻各本所不及。卷内略有错字，《要术》本文的比较少，也比较一般，而以引《食经》《食次》文为较多，当是据刻原本已有错误，或是《要术》所引原书已错。

高山寺本以后有几种抄本。据日本《农业经济学研究》五卷三期（1929）所载日人小出满二《关于齐民要术的异版》所记，最早的是文化五年（1808）的抄本，现藏内阁文库。书末有依田惠的跋文，称：“《齐民要术》第五、第八两卷，平安栂（méi，古同梅）尾高山寺所藏也。”

其次是澁江氏所藏抄本，盖有“弘前医官澁江氏藏书记”的印记，现藏帝国图书馆。

第三是小岛尚质影摹写本。小出满二称：“天保九年（1838），高山寺本因故移来江户（今东京），斯界的小岛学士，亲自影写。不知其抄本今在何处。”此抄本于光绪年间为杨守敬（1839—1915）所得，现辗转收藏于北京中国农业科学院图书馆。抄本卷五首叶有“倭宋”“尚质私印”印章，卷八首叶有“江户小岛氏八世医师”的篆文闲章，“倭宋”是小岛尚质的别号。卷八末叶有倭宋的短跋，记明原抄本是天圣刊本。又卷五末叶有“著雍掩茂夏五二十七夜半校毕弟子津岛佶对读”的题记，卷八末叶有“五月廿八日早起校毕受业弟子信记”的题记。“著雍”是天干“戊”的别称，“掩茂”是地支“戌”的别称，“著雍掩茂”即是戊戌年，此戊戌年是日本天保九年，即1838年，亦即高山寺本“移来江户”之年，即由江户人小岛尚质于是年影写校对完成的抄本。据吴德铎教授（1925—1992）《从〈新修本草〉看中日两国的学术交流》（载《中日文化交流史论文集》，人民出版社，1982年版）所记，小岛氏是日本医学世家。小岛尚质字学古，是19世纪日本出名的医学家、汉学家和收藏家，辑录和校勘过不少我国的医学名著。

小岛的影摹技术极为工整，而且所有侵蚀脱落处，都用细笔勾描出来，诚有如杨守敬《日本访书志》卷七所称“精好如宋刻”。但原书文字蚀烂后走了样，很难描真，因此难免描错，如卷五《种桑柘》的“虵桑”误描为“地桑”，《种榆白杨》泚“芜荑”误描为“燕荑”，《种红蓝花栀子》的“碓捣”误描为“磓捣”等，有的已予校正，有的未校正。

小岛影写本除五、八两卷外，尚多卷一和卷前《杂说》的残叶两叶。这两叶在成书于1856年澁江全善、森立之合撰的《经籍访古志》中还提到过，但在1914年罗振玉（1866—1940）影印的《吉石盦》本院刻中已不见，可见在1914年以前又已散失。

1914年罗振玉借高山寺本用珂罗版影印，编入《吉石盦丛书》中，院刻残本始得流通，但印数不多，现已成为珍本。影印本线装一册，叶心较原本约缩小三分之一，印刷清晰，不受缩印影响。但五、八两卷已比小岛影写本少了两页残叶。罗氏后跋记其得书影印始末说：“庚子（1900）冬，客武昌，亡友杨惺吾舍人（按即杨守敬）为言曾于日本高山寺影写北宋残本二卷，因出所刊《留真谱》见示，橅（mó，古同模）卷五第一叶数行，并以所作跋尾畀予观之。予大喜，亟谋重刊。舍人则言：‘此书既已从事校勘，但未写定耳。……脱稿后，必见畀（bì，给予）。’乃荏苒十年，卒不践前约。……及辛亥（1911）东渡，……高山寺得允诺，……因取以校中江本（按指《渐西》本），不仅第八卷未校以宋本者，讹字满幅，即他卷据宋本勘正者，异同亦复错见。……故不仅可校俗本，且可正南宋本。虽但存二卷，而正讹字已数百，岂非惊人之秘笈乎？亟影印以传当世。”

实际杨守敬所言“影写北宋残本”，就是小岛尚质的影写本，光绪年间为杨所得，并非杨自己影写，即杨氏《日本访书志》卷七自称“余所得系小岛尚质以高山寺本影抄，精好如宋刻”者。杨守敬虽然未将小岛影写本借给罗振玉，却曾借给柯逢时转交丁国钧校勘湖湘写本，时在1900年秋，而罗之遇杨在同年冬。

崇文院刻本的颁行，事实上是很少的。它只颁给“劝农使者”，所以葛祐之《序》说：“非朝廷要人不可得。”李焘《孙氏〈齐民要术〉音义解释序》也说：“以赐劝农使者。然其书与律令俱藏，众弗得习。”可见不是劝农官或中央农官是得不到该刻本的。由于颁行很少，因此流传不广，也容易失传。直到南宋初年，还是“市人辄抄《要术》之浅近者，摹印相师，用才一二”。（李焘《序》）葛祐之《序》也说：“按《齐民要术》，旧多行于东州，仆在两学时，东州士夫，有以《齐民要术》中种植蓄养之法，为一时美谈。仆喜闻之，欲求善本寓目而不得。”葛祐之见不到善本，见到的只是劣本。但由于《要术》的种植养殖技术具有指导生产的重要效用，虽非善本，仍为当时市民和读书人转相传抄，并奉为师法遵用。

二、日本金泽文库旧抄卷子本

所谓“卷子本”是抄好后装裱成卷轴，不装订成册者。原抄本十卷齐全，后散失第三卷，今仅存九卷。每卷装裱成一轴至三轴，现共22轴。抄成于1274年。据抄的本子是院刻系统的另一抄本。1948年日本农林省农业综合研究所予以影印，改装成布面精装一册——影印金泽文库九卷本。

原抄本竖高28.5厘米，每轴横长不等。卷内上下栏用淡墨划线。每行大小均15字。因是卷轴式抄写，故无页数。影印本去掉上下栏划线，以14行为一叶，共分455叶，外加第一轴表纸的摄影留真一叶；但以两叶合印成一面，共印228面，实际只有228叶，可见影印本比原本缩小很多。影印本卷中有空白处，即是由原本轴尾不满14行而空出的。这一卷子本原是金泽文库旧藏，所以通称"金泽文库本"。

金泽文库是日本文永、建始年间（1264—1277）北条实时（1224—1276）创立的，在横滨称名寺内，藏书丰富，很有名。到元弘三年（1333），镰仓幕府北条氏灭亡，藏书散出，辗转易手，只有一部分保存于称名寺。现有藏书三万余册，保存于神奈川县立图书馆。

这一卷子本于天正年间（1573—1591）由权臣丰臣秀吉（1536—1598）之义子丰臣秀次持归。其后经相国寺僧之手，于长庆十七年（1612）献给权臣德川家康（1542—1616），那时还记录着"《齐民要术》十卷"。不久家康薨亡，于元和年间（1615—1623）赐让给尾张（今名古屋）德川家。在德川家元和年间的御让本书目中，却只记录着"《齐民要术》九卷"。可见卷子本第三卷的佚失，是在1612年以后至1623年之间。

二百多年以后，涩江全善、森立之《经籍访古志》记载着这一手抄卷子本，缺第三卷，避名缺末笔与高山寺本相同，是取原于宋本的，每卷有"金泽文库"印记。但该书说此抄本藏于尾张真福寺，则是误记。尾张真福寺原是后醍醐帝皇子藏书之处，现在还存有一些珍贵古籍，但和尾张德川家不相干。

由于此抄本有《经籍访古志》藏于尾张真福寺之说，一再有人向该寺探问，结果摸不到头绪，废然徒劳。杨守敬《日本访书志》亦承其说，记载着尾张真福寺有卷子本九卷，并说如能得到该本，则贾氏之书为完璧，特记之以告后人。罗振玉《雪堂校刊群书叙录》也认为该寺有古写卷子本，希望得该本校勘得一善本。但是几十年来都没有发现该卷子抄本。该本之发现，是得之于以后的一个偶然的机会。

1926 年 11 月的读书周，在名古屋市图书馆举行典籍展览会时，德川家把这一《要术》卷子抄本在会上展出，始为日本学界所知，它不在真福寺，而一直保藏在德川家。1928 年 8 月，小出满二第一个得到该本作《要术》的校勘。

这一卷子本现藏德川家东京蓬左文库，概不借出，一般人很难看到。1948 年 3 月，日本农林省农业综合研究所借得该本用珂罗版影印，我们所用即为该影印金泽文库抄本（简称“金抄”）。书前有该所所长东畑精一的影印本《序》《凡例》和影印不清的校记（止于 143 面，以下不知何故未校），后附所员西山武一的《〈齐民要术〉传承考》长文一篇，占 37 面。此影印本在我国很少，现亦成为珍本。

原卷子抄本保存很好，每卷卷内首尾两处低盖楷书“金泽文库”墨印，卷头书名右上角盖有“御本”朱印。据小出满二说：“此本一见就可知道是镰仓时代的贵重物品。”据各卷末后题记，可以看出卷子本虽然源出崇文院刻本，但不是直接从刻本抄写的，而是在它之前另有一个仁安抄本，它是根据仁安抄本转抄的。仁安抄本于仁安元年（1166）九月底在京都附近东坂本的河原口坊及百齐寺依据“唐折本”抄写完毕。每卷都校对两次，至十月七日二校全部校毕。所谓“唐折本”，是院刻系统本，因系装订成册，故称“折本”；“唐”代表中国，非谓唐代。82年后至宝治二年（1248）九月十七日，康乐寺僧正把这部抄本送给和气种成。再后20余年，金泽文库的创立者北条实时，经小川僧正秘书从京都借出这个仁安抄本，再据以抄成这一部金泽文库卷子抄本。

金泽文库卷子本抄校完毕于文永十一年（1274）三月十一日，有越州刺史北条实时的亲笔题记。抄校完毕后二年，即建治二年（1276），又向近卫羽林借得“折本”再加校对，但未校完全书。此“折本”大概与仁安抄本据抄的“唐折本”不是同一个本子。现存金抄，字里行间，校字满纸，都夹写在原文的旁边，其夹写在左旁的，校字之下都加上一个“折”字，表示根据“折本”而来，包括错字和脱文，所校较多，也较精密；夹写在右旁的，没有“折”字标记，所校较少，仅及脱文，大概是就原抄本校对的第一校。第二校“折”校，大概是北条实时自己依据近卫羽林的折本校对的，可惜没有校完全书。因为自第六卷中卷以后，就不再有折校出现，北条实时在建治二年（1276）借来折本，他在这年十二月二十三日就去世了。

卷子本第六卷的首叶之前，抄有《大宋靖康二年百忌图》，颇像过去旧历本前面一叶的式样，左边绘有《春牛图》，已不明，图下写着四句歌谣：“喜逢丁未年（即靖康二年），耕种早向前，丝绵十分熟，麻麦满山川。”靖康二年（1127）是金兵陷汴京的一年，就是南宋建国的第一年，即高宗建炎元年。这个《百忌图》和农作俚歌应是仁安抄本的据抄“唐折本”上原有的，仁安抄本和再抄本金抄都把它照抄下来了。唐折本的中国主人是靖康时人，他把这些旧历本上的种植“指南”移录在农书《要术》上，似亦顺理成章。

卷子抄本源出院刻系统本，它“通”字等缺末笔与院刻相同，与现存院刻的五、八两卷校对也是大致符合的，而且附有《靖康二年百忌图》，也足以表明据抄原本是南宋张辚刻本以前的北宋本。日本藤原佐世在宽平年间（889—897，当唐代末年）编写的《日本国现在书目录》中已载有“《齐民要术》十卷”，但那是唐代的写本，远在院刻之前，而且早已佚失，金抄不可能源出唐代写本。但金抄虽然源出院刻，却非院刻原本。因其脱误满纸，其据抄祖本“唐折本”是南宋初年之本，在院刻之后将近百年，而且院刻“非朝廷要人不可得”，怀疑此种“唐折本”就是葛祐之《序》说的“欲求善本寓目而不得”的非善本，而反映在金抄上的脱误满纸，竟是坏本。此种坏本大概是水平不高的人“摹印相师”辗转传抄而来，也可能是《要术》为群众所需而由私家翻刻的。所以金抄只能说是源出院刻系统本，不能说直接出自院刻。

卷子本有两处文字颠倒。影印金抄有三处文字颠倒，两处是影印本拼版时的倒错，一处是卷子本装裱时的先后误置，给阅读带来麻烦。又第九卷“暂经沸汤即出”的“即”字右旁多出“民九”两个怪字（影印本在181面上半面，“九”字错成像“丸”），这是《要术》第九卷版心的卷数号码“民九”被错抄进来的，而这样的卷数号码正是院刻所特有。

卷子本字体端正老练，但错字脱字极多，还有不少别字。经过北条实时“折”校的较好，也仍有不少错字；其余未加折校的更多。经过多次校对，还存在着这样多的错误，不是一般抄本所能想象，远不及《四部丛刊》影印明抄本的精好。这除抄写人的粗疏外，根本原因应归咎于仁安抄本和唐折本的差劣。影印的金抄把篇目缩小很多，使有些字模糊不清，虽经校勘列出一些看不清的字，可惜列出有限，仍有很多字很难辨认，更增加阅读的困难。

虽说金抄脱误很多，因为它源出院刻系统本，在不错的部分，仍有相当高的正确性，为他本所不及。西山武一评为“玉石混淆，玉占十之三四”，颇为允当，也就是“三四”发挥它的特有效果，可以校正或填补南宋以后各本的很多错字和脱文。唐折本、近卫羽林折本以及仁安抄本都早已散失，金抄虽缺第三卷，仍是硕果仅存卷帙颇全的北宋系统本，在校勘工作上仍有相当高的价值。

三、南宋张辚刻本

张辚刻本，刻于南宋绍兴十四年（1144）。因刻于龙舒（今安徽舒城），又称“龙舒本”。每半叶 10 行，每行 17 字。该本葛祐之《序》称，张辚字彦声，济南人，曾任浙江上虞令、九江郡丞，“自九江擢守龙舒”，《要术》即刻于龙舒任所。葛祐之，镇江人，时任无为军（今安徽无为）主管学政兼管劝农事。张辚据刻的原本是院刻，系张辚“得之于芗林居士向伯恭。伯恭自少留意问学，故一时名士大夫，多与之游，而喜传之书。盖此书乃天圣中崇文院校本，非朝廷要人不可得。”院刻之后，见于文献记载的，这是第一次的重刻。原书已佚。现在只有一篇葛《序》，由明抄（见下节）保存下来，附于书末。

龙舒本佚失后，现在保存下来的只有残缺不全的校宋本。所谓校宋本是拿某一部《要术》作底本，再拿龙舒本来校对，将宋本上的不同字句校录在这个底本上。校对时容易漏校和错校，所以校宋本只是第二手的资料，不及原本。但由于龙舒原刻的散失，它在校勘明代刻本的严重错乱上，起过不少作用。

这种校宋本，似乎有两种不同来源，但都没有校完全书。其一是黄丕烈（荛圃，1763—1825）所得校宋本，只校录至卷七的中卷止；又一是劳格（季言）校宋本，只校至卷五的第五叶止。

黄丕烈所得校宋本，用的底本是《秘册汇函》本，卷头校者记明“宋本十行，十七字”，是何人何时所校，已不可知。此本后为黄丕烈所得。据《四库简明目录标注》附载孙诒让（1848—1908）语称：“黄丕烈宋本只存半部，今存皖洪氏。”陆心源（1834—1894）《群书校补》校宋本又称：“余所蓄黄荛圃校残宋本。”则此本后又为洪氏和陆氏所得。现辗转收藏于台湾“国立中央图书馆”，并由“中国子学名著集成编印基金会”予以影印。1988 年 10 月承美国黄兴宗博士将该本复印本寄给我父，得以应用其原校本。校勘用朱笔。书前有黄丕烈跋语：“此校本不知谁人手笔，开端载有宋本行款。……惜未详记原委。其所校朱笔讫于卷七《笨曲饼（“并”之误）酒第六十六》‘作秦州春酒曲法’一段止，亦并未言所据残缺，岂无端而辍笔欤？此不可得而知也。……庚辰（1820）二月二日，闲窗偶阅及此，追记数语。”（《荛圃藏书题识》亦载此跋）陆心源《皕宋楼藏书志》“张绍仁校宋本”下转录张氏道光元年（1821）的题跋称：“数年前，我友黄荛翁购得一校本”，可见黄氏购得该校宋本是在 1821 年（道光元年）前几年。

劳格校宋本来源于南京朱述之。据《读书敏求记校证》章钰补记称：“劳权云：……曾见旧人据□本校胡氏《秘册汇函》本卷前五卷。咸丰甲寅（1854）季冬借上元（今南京）朱述之司马钞本，五卷止存□叶，手勘胡校本，正千百字。”劳权是劳格之兄。劳校本只校至卷五的第五叶止。《要术》《渐西》本附载光绪初年刘寿曾《校刊〈齐民要术〉商例》称：“朱述之丈写宋本赠劳氏，标书之简端云：‘校宋本’。”这一劳氏所得校宋本，后为陆心源所得。上述张绍仁转录的黄校本，后亦归陆心源。这两个校宋本，均于光绪末年被日本岩崎家所得，西山武一用以校勘《要术》，现藏东京静嘉堂文库。陆心源得到劳校本后，曾用黄校本补校其卷五以下未校部分至卷七的“作秦州春酒曲法”段止，在劳校断止处记明：“季言先生所校，止于此。以下光绪庚寅（1890）潜园（陆心源晚年号潜园老人）补校。”劳氏在校录宋本异字外，并以《太平御览》等各书进行参校，宋本异字以朱笔写于行间，参校各书以墨笔写于下栏。校记严密，字体也极严谨（据西山武一文所记）。至于朱述之校宋本，1911 年柯逢时写给黄麓森的信中说：“泾县（在今皖南）朱家藏有校本，昨已函借，如能应手，总有独到处。”该本大概又传到泾县朱家，结果并未借到，朱本现亦未见。

劳校本究系何人何时所校，劳权只说“旧人”所校，殊为缥缈不可捉摸。它与黄荛圃校本同出龙舒本，可以肯定因两本所校内容彼此吻合。但两本来源不同，也存在着某些差异，如卷五《种桑柘》的“裁去妨者”“课民益畜乾椹”“太祖西迎天子”“以手溃之”“缣练”等，正误互见，正者同北宋本，误者同明抄，说明明抄与源出龙舒本的校宋本有承传关系。

乾嘉以来，朴学鼎盛，影响所及，《要术》渐被重视。而当时质量很差的明代《秘册汇函》本、《津逮秘书》本泛滥书市，人们所得几乎全是此两坏本，因此学者们纷纷向黄荛圃借校宋本以转录，以校勘《要术》。现在所知，此种转录和再转录之本，计有九种：

（一）张绍仁转录本：转录于道光元年（1821），所用底本是《秘册》本，此本后为陆心源所得，现在日本，已见前述。

（二）陈揆（子准）转录本：清瞿镛《铁琴铜剑楼藏书目录》卷十三及其《恬裕斋藏书记》并载：“华亭沈氏竹东书舍刻本，较胡氏震亨刻本（即《秘册》本）脱文脱字尤多。陈子准氏以宋椠（qiàn，书的版本）残本，一一校补。……惜后四卷，宋本亦阙，不获校全，然其佳处，已不胜偻指矣。”所称“宋椠残本”，据清张金吾《爱日精庐藏书续志》卷三所载黄廷鉴校宋本跋，实际仍是黄荛圃校宋本，并非宋刻残本。这一转录本只有前六卷，与张绍仁等转录的有六卷半不同，也许陈揆只借得黄校本的前六卷。现在国家图书馆藏有以《秘册》本为底本的校宋本一部，分装二册，前六卷合装为一册，册末有陈揆的墨书小字题记：“吴中黄氏士礼居（黄荛圃藏书室名）藏校宋本半部，壬午（1822）九月，借勘十日讫事。”此即陈揆转录本。

（三）黄廷鉴（琴六）再转录本：黄廷鉴于1825年据陈揆本再转录，当然也只有前六卷，黄氏是1804年刊行的《学津》本的校勘者，这次再转录就是用来进一步校勘《学津》本的。张金吾《爱日精庐藏书续志》卷三“黄琴六校宋本”下载黄廷鉴题跋称：“《齐民要术》……久无善本，嘉庆初，照旷阁（《学津》本刊行者张海鹏藏书室名）据胡震亨本梓人《学津讨原》，予任仇勘之役，以《农桑辑要》校补脱误，……惟出于后人征引，其中文句，保无增损窜易，至今耿耿。……同里陈君子准曾手临吴门士礼居所藏校宋本六卷，月霄（即张金吾）假以畀余，遂合照旷新刊本逐条细勘。……惟校宋本缺后四卷。”黄氏除再转录校宋本内容外，并以沈氏竹东书舍刻本等及其他有关各书进行参校，有精校之名。清莫友芝《郘亭知见传本书目》所记“昭文（今常熟）张氏有黄廷鉴精校本”，即指此本，但所校不多。此本后为张定均所得，张定均又借给张步瀛第三次再转录。张步瀛三次转录本卷六末记载着“拙经老人（黄廷鉴别号）所临校宋本止此”。此本现在中国农业遗产研究室。黄校原本未见。

（四）邵浪仙再转录本：邵浪仙于1827年据陈揆转录本再转录，也只有前六卷。《文禄访书记》记载："清邵浪仙据宋校明刻本。缺卷七、八。半叶九行，行十七字。……上方云：'宋本十行，行十七字。'"半叶九行、每行十七字的是华亭沈氏竹东书舍刻本，则其所用底本为沈刻本。该书又载邵氏题跋："吴中黄氏士礼居藏校宋本半部，壬戌九月稽瑞楼（陈揆藏书室名）借勘十日讫事。今于此旧刻残缺（按即沈刻残本）再临校十二日始竣。道光丁亥（1827）四月二十日桌芗山人（邵浪仙别号）识。"按：陈揆本转录于道光壬午(1822)，而壬戌为1802年，黄荛圃尚未购得校宋本，"壬戌"是"壬午"误记。上文（二）陈揆自记正是"壬午九月"，现在国家图书馆藏有以沈本为底本的校宋本一部，分装四册，卷六末有邵浪仙的题跋和上面所记完全相同。年份亦正作"壬午"。国家图书馆所藏即是邵浪仙本，但七、八两卷并不缺，似是又为后人再移录之本。

（五）张步瀛三次转录本：张步瀛于道光二十八年（1848）就黄廷鉴再转录本作第三次的转录。底本所用是《津逮》本。由于黄廷鉴再转录本用的底本是《学津》本，张步瀛也校录了《学津》本的异同和黄氏据他书所校的内容，也转录了借书人张定均据《太平御览》等所校的内容，他本人再以《农桑辑要》《毛诗草木鸟兽虫鱼疏》等做进一步的复勘。因此积累资料颇多，分别以朱书、墨字和眉书、行间夹写等的不同写法分清来源。书写极工整，校勘亦颇审慎，惟所校不多。此书现藏中国农业遗产研究室，但已缺七、八两卷。

（六）刘寿曾转录本：刘寿曾是《渐西》本的主要校勘人。他用以校勘《渐西》本的原本是先经吾点精校过的湖湘本的影写本。他校勘《要术》是受安徽泾县洪汝奎（琴西）的委托。光绪二年（1876）他用黄荛圃校宋本校勘这个影写本，并转录校宋本的内容在影写本上。卷头题记："丙子（光绪二年）冬十二月恭甫（即刘寿曾）以黄荛圃藏本校一过。”上文提到孙诒让称黄校本“今存皖洪氏”，未知即是洪汝奎否？这个影写本后来发展成为历时400余年经过16人累积校勘的详校本。影写本上一再提到“朱氏藏本”，则刘氏除用黄氏校宋本，还用朱述之校宋本作参校。劳季言校宋本来自朱氏校宋本，则黄、劳二种校宋本在刘氏校勘过程中曾经一度汇合。

（七）孙诒让转录本：孙诒让据黄荛圃本转录，见《四库简明目录标注》，此本未见。

（八）管明佳再转录本：管明佳据瞿镛所藏黄校转录本再转录，见同上书，此本未见。

以上八个黄荛圃系统的校宋本，经各人辗转传录，都是个人的手录本，传播面极狭，也易散失。因此将黄校本的校文刊印成书，很感需要，于是有陆心源的刊印本。

（九）陆心源刊印本：光绪年间，陆心源将黄校本和《秘册》本的不同内容刊刻成书，列入他所编的《群书校补》中。其刊印方式是以校宋本为正文，下注《秘册》本的错字、脱文和衍文，分为两卷（《群书校补》的卷二十三和卷二十四）。卷首有说明：“《齐民要术》，今所见皆祖明胡震亨刊，脱落舛讹，空格墨钉，几不可读。余所蓄黄荛圃校残宋本，……可以正讹补脱甚多。惟黄氏所见宋本至卷七‘作秦州春酒曲法’止，惜无全本耳。胡刻又有翻本，则舛讹尤不胜枚举。”胡氏劣本（包括其嫡传《津逮》本）长期统占《要术》书市，人人所用皆祖该本，而翻刻之本尤劣，陆氏所言，甚为确切。不过，所称“黄荛圃校残宋本”，“黄氏所见宋本”，其实黄氏并非自校，只是购得一前人所校的校宋本，他也根本没有见到宋本，陆氏行文简赅，不能以辞碍意。

必须指出，黄荛圃校宋本原校人的校字方式很不一致，有的字小，或写时盖及行间旁字，或笔画漫漶（huàn，漫漶，文字图像等磨灭、模糊），特别是有的字就盖写在原字之上，脱文勾乙在行间，字多时作两行勾乙，或勾在栏外，都不易辨认，或易误读。因此各转录之本虽同出一源而存在差异，或系一再转录之笔误；或即由于原校不清而误认。陆校本又经过摘录、誊写和刻版的几道手续，不免更添上一些差错。我们所用张步瀛本、刘寿曾本和陆本，优缺点互见，而以张本较优，刘本次之，陆本较差。用三本参互校正，效果胜过陆本多多。校宋本虽在清代人校勘明代劣本上起过不少作用，但只有六卷半，自明抄出现后，校宋本的校勘效力就不及明抄完帙不缺的作用了。

四、南宋本的明代抄本

1922 年商务印书馆《四部丛刊》影印的江宁邓氏群碧楼藏明代抄写的南宋本（简称“明抄”），是唯一十卷完整不缺的宋本。每半叶十行，每行大字十七（间有十八九），小字二十四五。影印时较原本有缩小，但清晰精好如原抄。《寒瘦山房鬻存善本书目》所记“明白皮纸抄本”云：“此本坊友携来，初不甚重之，然确是明抄，……所抄必出于宋本。……沅叔借校，则极言其佳，并云：‘后三卷尤善，殆无有更出其右者。’”疑此即明抄原本。

明抄和两宋本比较，它不但比院刻多八卷，比校宋本多三卷半或五卷，比金抄也多一卷，并多金抄某些脱文；和明清各本比较，它没有湖湘本、《秘册》—《津逮》本卷五、卷十的缺叶和其他的缺段、缺句等，也没有《学津》本、《渐西》本卷十的缺叶和其他的零缺。明抄是最完备不缺的《要术》本子。

明抄内容，大致与校宋本相同，但也颇多异文。它补正了校宋本的一些脱误，也校正了北宋本的一部分错字，但校改还有不够的地方，同时本身也难免存在着不少错误。这一方面是由于抄错和抄漏，另一方面也来自据抄原本的误刻。辗转抄刻的结果往往如此。总的来说，此本脱字不多，空白极少，没有脱叶和错叶，抄写精好，全书没有一处涂抹和勾乙，比起金抄的脱误满纸，校改满目，不可同日而语。另一方面，明抄原出南宋本，已经过几道抄刻的手续，比之北宋本，虽有胜过金抄处，也有不及金抄处，这主要出现在金抄与院刻符合而正确的部分，往往可以校正和填补明抄的错字和脱文。明抄单独存在，瑕瑜相半，配合院刻、金抄，可说鼎足而三，正率就高，为任何后出之本所不及。

明抄本所依据的底本，似非张辚龙舒本原刻，而是张辚本以后的另一刻本。明抄和张辚本的校宋本存在着很多差异。此类差异，大多决非抄写人抄错，而是来自底本。底本所以有此差异，有些应是覆刻张辚本出现的差错，而主要是经过覆刻人的校改，有些改对了，有些还填补了校宋本的脱文，有的改错了或者不必改。此种现象，只能是出自另一刻本才能解释。更有避讳改字的证据，贾思勰自《序》“令口种一树榆”，金抄本、校宋本作“树”，同《汉书·龚遂传》，明抄本作“株”，是南宋绍兴以后避宋英宗赵曙同音字改的。据栾调甫《〈齐民要术〉版本考》（载《国学汇编》第二册，1934 年齐鲁大学国学研究所编印）考证，宋人避讳改字滥及嫌名、同音字等，始于南宋孝宗之世，绍兴年间尚无此例。张辚本刊于绍兴十四年（1144），所以还没有避改，明抄本改为“株”，是绍兴以后覆刻本的有力佐证。

再在款式方面，明抄本和校宋本也有不同；校宋本每半叶十行，每行十七字，可明抄是每行大字十七，小字二十四五，此其一。贾氏自《序》和《杂说》间，院刻是接连刊刻，中间没有剩空，金抄和校宋本同此款式，但明抄《杂说》另起一页，与《序》分隔，此其二。张辚本葛祐之《〈齐民要术〉序》明说“求仆为序，以冠其首”，显然其《序》在书的首端，可明抄本则放在书的末尾，明显是覆刻本移后的，以表明此非龙舒本，此其三（此《序》自《秘册》本加个“后”字，以后各本都变成《〈齐民要术〉后序》，极为不妥）。

明抄本的抄写时间，已无从推测。《缩本四部丛刊初编书录》称明抄本“常皆作尝，当出崇祯间人手笔”，这是说明抄本是避明光宗朱常洛的名讳改“常”为“尝”的。以后很多人均从其说。但此说站不住脚，因为明抄本“常”字很多，并没有“皆作尝”，并且还有应该是“尝”字而写作“常”的，例如卷八《作酱等法》的“尝为菹酢者”，明抄本即写作“常”字，更无法拿避讳来解释。所以明抄本抄于何时，仍是迷惘不可知。明抄本的排印本，有商务印书馆的《国学基本丛书》本，后收入《万有文库》中。

五、元代刻本的推测

元代刻本，据莫友芝《郘亭知见传本书目》所记是“每页二十行，行大字十八字”。现存任何版本，均无此款式。文献上未见较多记述，未知何人何时所刻。原书未见。唯栾调甫《〈齐民要术〉版本考》称：“近闻刘君仲华言：‘曩蓄一本，板式绝似元椠，取校《津逮》本，墨、空等、脱文，大体相同。’”这个绝似元刻本的质量并不好，其款式在任何版本之外，看来只有是元刻本。

《要术》各本在流传过程中出现很多脱误，据现存诸本看来，这些脱误是从明代的湖湘本开始，而湖湘本的脱误，应存在于所据底本。这个底本不可能是两宋各本，只能是两宋以后的刻本，也就是刘仲华所见的那个墨钉、空等、脱文大致和《津逮》本相同的元刻本。元刻本每行十八字，湖湘本改为十七字，卷五《种红蓝花栀子》有一处怪异错误，只有将十八字改为十七字才会出现（实例见缪启愉校释的《〈齐民要术〉校释》第一版附录二，本文从略），则湖湘本出自元刻本至为明显。

明杨慎（号升菴，1488—1559）《丹铅总录》卷九摘录有《要术》中奇字若干例，其中四例是“⿱艹乘”“苯”“䬀，乌驿切”“⿰米宣粍，上草片切”。第一、第二例是“葉”“笨”之误，此误不见于现存任何一本；第三例的音切是“乌县切”之误，始于湖湘本；第四例“⿰米宣”是“⿰米冥”字之误，“草片切”是“莫片切”之误，其误亦始自湖湘本，而湖湘本又误“⿰米宣”为“⿰米宣”。《丹铅总录》成书于明嘉靖年间（1522—1566），为杨氏门生所辑录。杨氏所见《要术》奇字“⿱艹乘”“苯”“⿰米宣”，不存在于明本以前的任何一本，则其所见唯一可能的只有元刻本，而湖湘本出现“驿”“草”“⿰米宣”，正是沿袭元刻系统本而来，由“⿰米宣”错成““⿰米宣”，其沿误之迹，更为明显。

湖湘本出版后13年（1573），杨慎写成《丹铅续录》，卷四又据《要术》采入“刈稻明年复生曰⿰禾疋”。“⿰禾疋”，两宋本作“秜”，《说文》：“稻今年落，来年自生曰秜。”湖湘本开始错成“⿰禾疋”，也应是沿袭元刻本之误，《秘册》—《津逮》本跟着错，《渐西》本采两可之说，更错成“秜⿰禾疋”。杨慎又将此误字作为奇字采入其书。推澜所及，“⿰禾疋”在《康熙字典》中就成为“新增”之字，原来先已被《字汇补》采入，《康熙字典》就照样转录了。上述湖湘本改元刻本十八字为十七字之怪误，《授时通考》卷六十九“红花”引《要术》亦承其误。误本之流弊于学术界，《要术》之元明劣本不能辞其咎。

元代官撰书《农桑辑要》中引用了《要术》的大量资料，往往保存北宋本的正确性，质量远胜湖湘本。王祯《农书》也引用了不少，但经过王祯的分割、倒易、穿插和更改，远非《要术》原样，且多错误，唯取对湖湘本，却没有和湖湘本相似的脱误。湖湘本既源出元刻本，而《农桑辑要》、王祯《农书》却无元刻—湖湘本之误，推测《要术》的元代刊本，似在此两书之后。由于《要术》的农业技术人们很需要，不断有人“摹印相师”，因此就有私家把全书翻刻出来，但所用底本很差，有如日人所用“折本”之类，远非元代《农桑辑要》所用官库收藏的善本可及，故而留下了元刻—湖湘本的很多脱误。

六、明代马直卿刻本

此本明嘉靖三年（1524）马直卿刻于湖湘（今长沙），通称“湖湘本”。每半叶十行，每行大小均十七字。据该本王廷相（1474—1544）《序》称：“侍御钧阳马公直卿按治湖湘，获古善本，……乃命刻梓范民。”所谓“古善本”，从湖湘本的实际内容来看，其实并不“善”，而是质量差劣的元刻本或其覆刻本。《荛圃藏书题识》载其行款与校宋本偶合，即半叶十行，行十七字。清钱曾（1629—1701）《读书敏求记》记载：“嘉靖甲申（1524）刻此书于湖湘，惜乎注中删落颇多，如首卷简端‘《周书》曰：神农之时天雨粟’云云，原系细书夹注，竟刊作大字等类，文注混淆，殊可笑也。”钱氏所言不错，除注文误作大字正文外，其他注文正文确实脱落很多。但决非该本刊落，而是据刻原本如此差劣。两宋本绝无此种脱落，其据刻原本只能是元刻劣本。

湖湘本现在已成孤本，我父于60年代辗转设法购得一部，完帙不缺，此外北京私家还藏有一部，余则未闻，各大图书馆亦未见。中国农业遗产研究室另有一部该本的影写本，是洪汝奎影写的。原来海盐藏书家吾点（尽因）于嘉庆初年用《津逮》本和有关各书校勘湖湘本，在旧校中最为精好，所校大都暗合两宋本，也校正两宋本的某些误字。这一校本后来流传到唐仁寿手中。光绪初年安徽泾县洪汝奎主持南京冶城书局，准备校刻《要术》，乃向唐仁寿借得吾点校本，并将其所校湖湘本影写一部，委托江苏仪征刘寿曾再校。刘氏将吾点所校及湖湘本原刻校语转录在影写本上。这一影写本经长期发展，自马直卿原刻校语（1524）至1950年湖北沔阳欧阳政所校，历时426年，最后积累着16位学者所校的大量资料，都转写在影写本上。16人是马直卿、吾点、景（景仲）、洪汝奎、朱述之、朱绪曾、刘寿曾、刘富曾、汪仲伊、汪宗沂、丁国钧（秉衡）、黄麓森、潘敦先、小岛尚质、柯逢时（逊菴）、欧阳政。其取校各书，除大量有关古籍外，就《要术》本身说，自《吉石盦》本院刻、校宋本至明抄，都已校遍，只少一本日本很晚出版的金抄，最难得的是柯逢时增加了借自杨守敬的日本小岛尚质影写的院刻残本（两卷之外多两叶）。校记积累到三千几百条，为免来源混乱，字用不同颜色书写，分黑、红、蓝、紫、褐等色分清来源，有的一条多至四五校，眉上写不下，则以签条黏上，影写本上五色缤纷，来源可辨，工作异常细致。丁国钧另行汇录校记近三千条成为三厚册的书，称为《校勘记》，准备单独出版，结果连同所校《要术》影写本均未出版。黄麓森经过认真校勘，以仿宋字写成一部《仿北宋本〈齐民要术〉》，分订十册，该稿本收藏在中国农业遗产研究室，未得出版。这一套《要术》湖湘累校影写本、《校勘记》、黄麓森稿本，在校勘《要术》工作中，极有参考价值，而前人竭精尽虑的功绩，尤不可磨灭。

湖湘本空脱不少，错误很多，并开始有脱叶、倒叶和脱段。它虽然不是最劣之本，仍是现在所见的最早的劣本。不过另一方面，它某些不脱误的地方，却有些与两宋本相同，也微有补正两宋本脱误的地方。这些情况与金抄本类似，金抄本虽然脱误满纸，但它源出北宋系统本，其不脱误之处有的还保存着北宋本的正确性。同样，湖湘本源出元刻本，元刻本不脱误保全宋本之处，它也保全如宋本。不过错失太多，微末之光不足驱除全书阴暗。

湖湘本有一特点，就是在书的上栏板框之下正文之上的狭窄空隙处，用小字加刻刻书人的校语，全书30余条，只刻记“恐讹”“衍”“未详”等字样，有的还是书刻成后再经覆校补上去的，均仅指明和补正而已，不予径改。表明马直卿的刻书态度非常严谨，力求保持原样，不轻改一字。则其脱误之多，显系来自据刻原本。此种加刻校语的方式，为所有《要术》各本所无的特色。

七、明末胡震亨—毛晋刻本

胡震亨于明末万历二十六年（1598）在北京灯市得一明刻本《要术》，校订刊刻成书，列为《秘册汇函》丛书的一种，即《秘册汇函》本《要术》。每半叶九行，每行大小均十八字（小字双行）。刻书年月，据《秘册汇函》之一的《泉志》徐象梅《跋》称：“沈汝纳、胡孝辕（震亨字）旁罗秘册，刻为《汇函》，总若干卷。”徐《跋》撰于万历三十一年（1603），则《秘册》本《要术》的刊印，当在1603年已完成。

《秘册》本所用“获之灯市”之本，据黄荛圃等均称该本实出湖湘本之旧。今取《秘册》本比对湖湘本，讹字、脱文、墨钉、空等，基本相同，特别是卷十的那许多脱行、脱叶和错叶，两本完全符合，证明其据刻原本确是湖湘系统本。事实上，《秘册》—《津逮》本比湖湘本脱误更多，或出灯市所得原本，而大多是胡、毛改动所致，有改对的，但大量是改错的。刻书随意窜改或作伪之风至明末尤甚，加上刻书人胡震亨、沈汝纳（士龙）刻书态度不端正严肃，更易出错。胡、沈讥贾思勰为“伧鬼”“伧父”，首先因为《要术》是农家书被看不起，书中烧牛粪、喝酪浆、吃蒜头等更被讥为“羌煮貊炙，使名庖呕下”。之所以要出版，只是因为书中引录了不少已散失的古书，还有保存的价值，否则此书大可“不必有”（见胡、沈刻书之《跋》）。此种刻书态度为他本所无，与院刻、马直卿之严谨不苟判若天渊，想要他们校订得好，真是南辕而北辙。在湖湘本原已不好的底子上，又遭受了一次灾难，评它个“疮痍满目”，为《要术》最坏之本，似不为过。栾调甫《〈齐民要术〉版本考》（见《国学汇编》第二册，1934 年齐鲁大学版）加以评断，颇为中肯：

> 震亨、士彝（即一同校订的姚叔祥）徒具词林博辨之才，伪造古书之长，……况复任情予夺，随心涂改，……其错讹叠出，实亦难为矜恕。……俭腹自曝，亦将“为此伧鬼所笑”。

其脱叶脱文多于湖湘本，恐非全出刻书疏脱，应多数存在于所据底本。则得之灯市之本，怀疑并非湖湘原刻，而是湖湘的覆刻本或其抄本，因此只能说该本出自湖湘系统本，不能说直接出自湖湘本。

胡震亨《跋》提到：“校读至第二卷二幅，原本脱去，……更从吴中赵玄度假得善本足之。”现在《秘册》本上第二卷第二叶之后插入“又二”叶，当即胡氏所补之叶。但此插叶的首三行是手写字刻成的拼板，非原刻板之字体。这三行拼板最易残缺和脱失，出现在重印或翻刻之本上的有多种脱失情况：最初只脱去每行的末字，渐至只剩下每行上端的几字，乃至只剩两字，最后终于脱光，即三行全脱。只剩首端两字的，是 1875 年湖北崇文书局据刻的《津逮》重印本，只剩第一行开头的“黍蘱”两字（第二、第三行的开头也有几字残剩，但文义不联属，被崇文本删去）。三行完全脱去的是吾点据以校勘湖湘本的《津逮》晚印本，吾氏在书眉上批明：“尽按汲古阁本（即《津逮》本）‘可以种’下缺三行，直接‘伤无实’。”所脱正是这拼板全脱不见的三行。中国农业遗产研究室有一本，也是三行全脱的。

卷十错刻成两个“五十一”叶，因此缺“五十二”叶，问题原不大，可装订时将这两叶装颠倒了，问题就来了。如晚印的《津逮》本竟将倒错的后一“五十一”叶贸然改为“五十二”叶，将错叶改实，文句乖误被敲定，太出意外。中国农业遗产研究室就有这样的本子。

《秘册汇函》丛书后遭火患，胡震亨以残板转让给毛晋（1599—1659）。毛晋编入汲古阁《津逮秘书》丛书中，《津逮秘书》毛晋《自序》称：“胡孝辕以《秘册》二十余函相属，惜半烬于辛酉之火。”辛酉是天启元年（1621），毛《序》撰于崇祯三年（1630），则《秘册》本经过毛氏整补重印的《津逮》本，最迟在 1630 年已完成。《秘册汇函》各书的款式，板心的书名刻在鱼尾之下，《津逮秘书》则刻在鱼尾之上，下面并刻“汲古阁”三字为别。美国黄兴宗先生寄来的《要术》本，书名在鱼尾之下，下面无“汲古阁”标记，可知确系《秘册》旧板。这就是说“半烬于火”的损失以他书为多，《要术》原板损失不大。所以《师石山房书目》称《津逮》本《要术》“板心书名在鱼尾之下，无‘汲古阁’题字，盖即胡氏《秘册汇函》残板，名为《津逮》，实《秘册》本也”。然而胡本既经毛晋整补改动，事实上，《秘册》《津逮》两本仍微有不同。不过自毛晋继承翻印之后，《秘册》本不再增多，大量的为《津逮》本所代替，因此一般通称胡本为《津逮》本，或通称《津逮》本为胡本，已视为一体不甚分辨。

明代有三种《要术》刻本，都是很差的，湖湘本犹稍胜于胡、毛本，沈氏竹东书舍刻本也有胜过胡毛本的地方，《秘册》—《津逮》本是最差的，这就是杨守敬指斥为“卤莽如此，真所谓刊刻之功，不蔽其僭妄之罪”（见《日本访书志》卷七）。但此两本名气大，印数多，销路广，自 1603 年《秘册》本出版后，直至 1804 年才有《学津讨原》本出版，胡毛本独占《要术》书市长达 200 年之久，流弊久远，至今未消，不胜惊愕！新版《辞源》《辞海》有引用《要术》处，多袭胡毛本之误，例举见缪启愉《齐民要术校释》第二版。现在新辞书仍袭谬种，殊可惋惜。

至于明清学者之被胡毛本所误，尤屡见不鲜。《字汇补》《康熙字典》《授时通考》之误，或出元刻本—湖湘本，亦可出胡毛本。此外，《农政全书》亦蒙其害。徐光启（1562—1633）对有的错误已径予改正，但改不胜改。全书触目皆是，全是沿袭毛劣本而来。清王念孙（1744—1832）在其所著《广雅疏证》中亦不免为胡毛本所误，其例不少。毕沅（1730—1797）《释名疏证》“利则发土绝草根”据《要术》卷一《耕田》删去“则”字，亦袭胡毛本之误。段玉裁（1735—1815）注《说文》亦难免被误。康熙年间官撰的《广群芳谱》，亦不免如《康熙字典》之袭其误。盖清代已无官藏善本《要术》，故乾隆时《四库全书》选刊《聚珍版丛书》善本，其中已无《要术》，即此之故。今国家图书馆藏有文津阁《四库全书》原抄本《要术》，其据抄原本，即系明代劣本。所以明清以后的著述不引用《要术》则已，只要引到《要术》，几乎无不被湖湘、胡、毛等本所误。

胡毛本的嫡系本子，有1875年的崇文书局刻本、1893年的《观象庐丛书》刻本、1915年的《百子丛书》石印本，以及上海博古斋的影印本等，质量都很差或者更差。明代还有四种胡毛本的删节本，任意予夺，却不说明是删节，以支解冒充全书，原书精华几乎全失。明代中叶以后刻书风气之恶劣，竟使《要术》也大遭其殃。其流毒还蔓延于日本，见下节。

八、日本山田罗谷刻本及仁科干覆刻本

日本于德川中期延享元年（1744，清乾隆九年），山田罗谷（亦作萝谷、萝葛，又名好之）刊印第一部《齐民要术》，由京都向荣堂出版。据刻原本是《津逮本》，款式亦同原本，为每半叶九行，每行十八字。字旁另加圈点，眉上有校注，并附译文。分为十册。山田氏在刊行序中，述其覆刻之趣旨：

> 昔余耕获于势阳，种艺于河摄，前后三十余年，……民家之业，求之《齐民要术》，试之历年行事，无一不可者。其务农重谷之切实，堪与老农比肩者，唯有此书。爰附译文，并补释字义，新刊行问世。

山田对《要术》推崇备至，故特为刊刻流传。可惜原本太差，校注不免造成许多新的错误。

全书刻在书眉上的校注有二百余条，其中注多于校。有校注正确的，但很少，大量是拘泥于字书如金韩孝彦《篇海》、元熊忠《韵会》（《古今韵会举要》的简称）、明梅膺祚《字汇》等就原本误文而误校误释。例如卷前《杂说》“盛裹”，《津逮》本误作“胜衰”，因误释：“《字汇》：‘衰，音催，杀也。’”卷四《柰林檎》“以酒淹”，原本误作“痷”，因误释：“《字汇》：‘痷’音叶，半卧半起久病。’”卷十“藟（六五）”

说其根茎可以用灰煨熟趁热吃，原文是“温噉之”，但《津逮》本讹作“温喊之”，因误释：“《韵会》曰：‘喊，扬子狄牙能喊。’”按：狄牙即易牙，此句源出扬雄《法言》，原文是“狄牙能醎”，“醎”即“咸”字，是说易牙善于烹调，能调和咸淡适口，《韵会》误作“喊”，因而误释。此条《康熙字典》“喊”字亦引作“狄牙能喊”，明张自烈《正字通》已指出为“咸”字之误。卷二《胡麻》的“斗薮”同“抖擞”，指抖落胡麻子，解释为：“《韵会》曰：‘籔，通作薮，十六斗为籔。’”卷前《杂说》“排比农具使足”，“排比”是安排配比之意，即整备齐全，解释为：“排比，排水之器，汉杜诗造之。”排比既错释，将鼓风的“水排”释为“排水之器”更错。凡此之类，注解与原文风马牛，不一而足，不胜赘举。

山田罗谷本，在日本文政九年（1826，清道光六年），由仁科干加序覆刻，由浪华书肆定荣堂出版。以后于明治年间（1868—1911）又由有隣堂重印出版。此两本未见，唯据小出满二《关于〈齐民要术〉的异版》称其“圈点费力，不免武断”，其因袭山田本旧误自在意中，盖误文无法圈点，因此不免费力不讨好而武断也。

据上所述，在日本翻刻所用原本是《要术》最差之本，一再覆刻，又添上若干错误，《要术》在日本也受着坏本辗转滋蔓的贻误。

猪饲敬所（彦博，1761—1845），是乾隆、道光间日本考证学者，他曾校录了一部“校宋本”。据西山武一《〈齐民要术〉传承考》所记，猪饲所用底本是山田罗谷本，据以校录之本可能是北宋本之抄本。唯据所校内容，校及卷三，卷三为院刻、金抄所无，则所用并非北宋本。究为何本不明。猪饲除校录抄本异文外，尚有本人的校改，多于所谓“宋本”的校录。校改有对的，但很少，多数以意测度，无足可述。

九、清代张海鹏刻本

清嘉庆九年（1804）张海鹏刊印，早于《渐西》本92年，张氏编入《学津讨原》丛书中，通称《学津讨原》本（简称《学津》本）。每半叶十行，每行大小均二十一字。据刻原本是胡震亨本，校勘人是黄廷鉴。

明代刻本的严重错乱，至清代乾嘉间渐被重视，开始努力纠谬。黄廷鉴所校《学津》本是终止明代劣本流传二百年之久而得到出版的第一部本子。

黄廷鉴的校勘，在卷六以前几乎全据聚珍版《农桑辑要》。《农桑辑要》引录《要术》在很大程度上保存着两宋本的正确性，因此《学津》本在改错、补脱、厘正正文注文的混淆，并补正大段脱文和脱叶方面，取得相当成绩，在勘正胡震亨本的严重错乱上功绩不少。不过另一方面，《农桑辑要》所引并不完全可靠，因此有些地方不免因偏信而致误。相反，黄氏亦知引书不足完全凭信，在某些方面又不免过于慎重，因而漏校。

《要术》卷七以下各卷，《农桑辑要》无该项记述，自无《要术》引文，黄廷鉴以字书和《要术》所引之原书等作参校，所校大多正确，多与两宋本暗合，并有校正两宋本以来的错误的，表明都是经过认真查考和深思的，只是校得很少，遗留原误还很多。

黄廷鉴没有用院刻、金抄、校宋本、明抄等作校勘（那时没有），虽然校勘逊于吾点，但《学津》本在廓清明本之误方面有创拓之功，应予肯定。黄氏校勘缜密，没有《渐西》本校勘者刘寿曾兄弟的粗疏，因此《学津》本某些方面胜于《渐西》本。中华书局《四部备要》选以排印《要术》者，选用《学津》本，不用《渐西》本，是有道理的。《学津》本尚有商务印书馆的影印本。

《学津》本出版后十年来，黄荛圃购得一校宋本，黄廷鉴借得该校宋本的陈揆转录本，就《学津》本做进一步覆校，并参校以他本和《太平御览》等。所校往往与两宋本符合，唯所校极少。当时目为“精校”，秘而不宣，未得出版。

《秘册》—《津逮》本在经过《学津》本黄廷鉴初校和二次覆校后，道光年间又有张定均的三次累校和张步瀛的四次累校。张步瀛字廉舟（亦作莲舟）。张定均用《太平御览》《初学记》《南方草木状》和北宋苏易简《文房四谱》旧抄本等书覆校。张步瀛再用《农桑辑要》《毛诗草木鸟兽虫鱼疏》《玉篇》《集韵》及《要术》原引之书如《尔雅》、郭注、《礼记》、《周官》、郑注等加以覆勘。二张所校，大多正确，补正了黄廷鉴二校的一些错漏，并保存了黄氏二校被称为“精校”的资料。唯所校都不多。黄氏二校和二张所校，均未出版。

十、清末袁昶刻本

清光绪二十二年（1896）袁昶刊行（图十一）。每半叶九行，每行大小均二十一字。据刻原本是湖湘本经过吾点校勘的影写本。校勘人是刘寿曾、刘富曾。所用校本有校宋本、《津逮》本及《学津》本，并以《农桑辑要》、王祯《农书》、《农政全书》等做参校。

《渐西》本是继《学津》本之后勘正明误的又一本子，勘正了湖湘本的不少脱误，在清代刻本中，这是第二部较好之本（图十二至十三）。由于吾点、黄麓森、黄廷鉴等校勘较好的本子都没有出版，清代就没有第三部较好的新版出现，所有各本只是胡毛本、《学津》、《渐西》两本的重复，没有胜过《学津》《渐西》两本的，只有更坏的。

《渐西》本有较好的校本没有被充分利用，很是可惜。刘寿曾初校稿本，继由其弟刘富曾覆校定稿出版。吾点所校往往符合两宋本，在旧校中最为精好；黄荛圃校宋本虽略有错字，亦大多正确。二刘在甄别“定其从违”之时往往失当，或以正为误，或以误为正，搞出不少错误，而正确之处多被摒弃。偏信他书所引《要术》，却不相信校宋本，因此有校宋本不错而偏信他书搞错了的。例如《要术》原来没有的字句，却照《农桑辑要》、王祯《农书》、《农政全书》加上了不少。此类乱加字句，实出刘富曾。卷七以下，《学津》本校得很少，《渐西》本校得较多，略胜《学津》本，其来源亦多出吾点。

总之，《渐西》本有某些方面的长处，这些长处来自《津逮》本没有的校宋本和吾点所校。二刘自校，虽有些微校正，但多乖违失当，而有校宋本和吾点的有利条件没有充分发挥，深为扼腕。它胜过原来湖湘本，但不能超过《学津》本，只是优缺点互见不相上下而已。它出版时以“精校”做宣传，在主观上应说是尽了力的，可是客观效果并不太好。

《渐西》本的嫡系，有 1917 年印行的龙溪精舍本，有商务印书馆排印的《丛书集成》本，不免增加一些翻印上的错误。

第三章　《齐民要术》的成就与影响

贾思勰以“农本”思想为根源，以革新前进、朴素辩证的观点，尊重自然规律，发挥主观能动作用，以强调实践，强调节俭、备荒等的思想体系为指导，尊重生产技术的历史延续性和当前的群众技术经验，以求实精神和科学态度，去芜求精，通过思考验证加以总结提高，升华为农业科学技术精华，写成超越前人的综合性农学巨著《齐民要术》，具有继往开来的科学水平和成就，成为后世尊崇的农学典范。

第一节　中国传统农业代表作

贾思勰的《齐民要术》是传统农业的代表作，它的成就是：

一、以保墒防旱为中心的精细技术

《要术》涵盖的农业地区是黄河中下游，它的气候特点是降雨不足，雨量分布不均匀，春季干旱多风，夏秋高温多雨，在农业生产上最大的威胁是春旱问题。因此，华北旱作农业在长期的生产实践中形成了一整套保墒防旱的精细技术措施，以及尽量收蓄秋冬雨雪，以备春旱。

（一）中心环节是保墒防旱

华北地区春雨稀少，干旱多风，《要术》说的“春既多风”“春多风旱”“春雨难期”，正反映了这种气候特征。而对于很多大田作物、蔬菜等，春播是最好时期，不能错失，怎么办？我国聪慧的劳动人民就在土壤本身上想办法，创造了“借泽”和“保泽”两项技术法宝与干旱做斗争。

“借泽”，就是凭借土壤中保蓄着的原有水分（承秋入冬以来的雨雪），紧紧抓住这个有利条件，一待开春后地面解冻融化，赶紧及时耕地，为播种创造条件。因为春季气温逐渐上升，干风又多，土壤水分蒸发很快，解冻后的返浆阶段为时短暂，过后就进入退墒阶段，错过时机就难以春播。《要术》强调“及泽”的急迫性，就是强调抓紧时机，不能让极其宝贵的原有地墒白白耗失，以至“蹉跎失机”，无可挽回。

“保泽”，意即保墒。仅仅做到解冻后及时耕地，远远解决不了春播要求，必须进一步设法尽可能保住土壤中原有水分，才能满足出苗生长的要求。所以，保泽是旱农生产中的头等大事，保泽才能防旱抗旱，这是关键的一环。土壤中的水分，通过毛细管孔隙由下向上运行，可直达地表，由地表气化蒸发，因而失墒。想法阻断毛管水上下联通的孔道，使之不能上升到地表，可以起到保墒作用。办法就是耕后随即耙地（图十四，上为古代方耙，下为古代人字耙），把土块耙碎耙细，切断和打乱毛管通道，使上行水分阻断在细土层之下，可以保住墒。《要术·耕田》篇指出，开荒地耕翻之后就用“铁齿镉楱再遍杷之”。《旱稻》篇也说：“候水尽，地白背时速耕，杷劳频烦令熟。”都是为了熟化土壤和保墒。金元时期的北方旱地农书《种莳直说》做了精辟说明：古时耕法，要求犁一次耙六次，现代人只知道耕深为功，不知道耙细为全功；殊不知耙功不到，土虚不实，种土不相着，不耐旱，有悬死、虫咬、干死等弊病。《韩氏直说》也指出：

秋耕之地耕后多遍耙地使熟，“其地爽润，上有油土（湿润疏松柔和的表土层）四指许，春虽无雨，时至便可下种”。说明耙的重要性和它对保墒的一定功效。

但是，仅仅依靠耙松土壤还是不能保证不跑墒的。因为耙松土壤后虽然切断了毛管水的上升蒸发，但松土层还存在着大量的非毛管孔隙，如果耙得粗疏，存在大小孔隙更多，还会有小土块架空着，这样，水分虽然不能上升到地表，但会以汽态水的形式通过松土层而扩散损失。随着气温的继续上升，底墒、深墒上升到松土层之下而以水汽的形态散失就更加严重。因此，必须采取另一种措施予以补救。这补救措施就是“耢”。因为耢（lào，图十五）有盖压的功效，通过耢，使上层松土压紧。堵塞毛管孔隙，避免漏风汽化失墒，也阻隔了底深墒的跑失。王祯《农书》说的“耙有渠疏（碎土）之义，劳有盖摩之功”，耙耢配套，有耙无耢是不行的。

再来看看《要术》。《要术》强调耕后随即就耢，是整地中关键性的急迫措施。《耕田》篇说：“春耕寻手（随手）劳。”因为：“春既多风，若不寻劳，地必虚燥。”明显指出不耢会使地虚燥，就是干风汽化失水的情况。“再劳地熟，旱亦保泽”，再耢才真正做到了保泽全功。否则，“耕而不劳，不如作暴”，等于自己糟蹋田亩和生产，懊悔莫及。大概是唐代人写的《要术》卷前《杂说》同样十分强调耕后随即盖耱：“无问耕得多少，皆须旋（随即）盖磨如法”，“每耕一遍，盖两遍；最后（一次耕），盖三遍，还纵横盖之”。说明盖比耙还重要和急迫。

华北“春雨贵如油”，又干旱多风，给春播带来极大困难，我国劳动人民经过长期的生产斗争创造了一整套耕、耙、耢相结合的整地技术措施，“天时”虽然不利，转向“地利”挖掘潜力，运用机敏的“人力”同天地做斗争，创辟了耕、耙、耢紧密配合的以保墒防旱为中心的有效途径，终于取得了“一年之计在于春”的春播胜利。这是耕作栽培上的第一关，也是精耕细作的“基本功”，搞好了，给以后作物的生长发育创造了良好条件。“抗旱保墒”现在是习用词语，其实《要术》的所有措施是保墒防旱，有了防才能抗，它的精神是防重于抗。欧洲中世纪农业长期使用着不能翻土的无壁犁，也没有条播器，农具粗劣，耕作粗放，长期低产薄收，同《要术》的精细整地、集约经营相比是相差很远的。

（二）播种和中耕保墒

上面讲的是整地中的保墒防旱措施。不但整地，就是播种和中耕也要围绕着保墒问题采取有力措施。

1. 播种中的保墒

作物栽培的第一件要事是要求出苗齐全和健壮，除处理好种子外，关键在于土壤中保持合宜的水分以利于种子的发芽生长。而在北方春旱的条件下，合宜的水分常是怕它不足而不是过多，所以种后仍须继续保墒防旱。《要术》的办法是播子后进行镇压或耢。《种谷》篇说：“凡春种欲深，宜曳重挞。”因为，“春气冷（气温低），生迟，不曳挞则根虚，虽生辄死。”挞（图十六）是一种覆土并镇压虚土的用牲畜或人拉（“曳”）的农具，挞上面压的东西重就叫“重挞”。挞的作用除压紧浮土，使种子和土壤密接，不致虚悬而死外，同时还为了保墒，避免水分的汽态扩散损失。也可以采用在播种沟内挨脚踏过的办法，既覆土又把松土踏实，如果脚迹相接着踏过，也可以不必拖挞。《要术》总结经验说，“足蹑则苗茂”，同样给种子发芽生长创造了种土相接和保持水分的良好条件，所以生长旺茂，是符合事实的。但拖挞不是死板的，要看墒情灵活掌握，碰上春天雨水较多，土壤比较湿，就不需要拖挞；如果一定要拖，该等到土表发白以后再拖，因为“湿挞令地坚硬”。同理，夏季雨水多，气温高，出苗快，所以“夏种欲浅，直置自生”，不宜曳挞，因为“曳挞遇雨，（土壤）必坚垎（hè，干燥、坚硬之意）”。反映的是湿时泥泞、干时坚硬的黏性土壤的情况。夏种大麻，泽少时要求播得深些，采用耧播法（图十七是下种器——耧车），就不必拖挞。

另一种情况是种后耢盖，主要也是为了保墒。例如，春种旱稻，种后耢两遍；夏种小豆，泽多时耧耩撒播，待地白背，“劳之极佳”；夏种大麻，泽多时先浸种催芽，待地白背，耧耩撒播，拖空耢轻盖（“空曳劳”），因为地墒足，气温高，并已催过芽，出苗快，只能空耢轻盖，避免损伤根、芽；芝麻种子小，覆土宜浅，也是耧耩撒播后“空曳劳”，因为“劳上加人，则土厚不生”；夏种蔓菁，“漫散而劳”；春种胡荽，“以手散子，即劳令平”等等；贯彻着耢平地面和盖压松土保墒的精神。其他如种柘、种榆、种楮、种梓、种紫草等不是畦种育苗移栽而是直接播种在地里的，都采用种后随即加耢。

2. 中耕保墒

中耕的作用是多方面的，它有除草、调节土温和养分分解以及促进根系发育等作用，在北方旱作地区，中耕松土更是作物生长期中的重要保墒措施。《要术·种谷》说：“春锄起地，夏为除草。”“起地”就是破地松土，切断毛管水的上升蒸发，起到保墒作用。卷前《杂说》揭示“锄头三寸泽”，最足以说明锄地的保墒作用。《种谷》又指出，苗刚出垅就该深锄，锄的次数不嫌多，不要因为无草就不锄，因为，“锄（图十八至二十四，这七幅图是古代耘田器，上图从左到右依次是耨、镈、钱，下图依次是镫锄、耧锄；铲，图二十四是耰锄）者非止除草，乃地熟而实多，糠薄米息。”种大蒜也说“勿以无草则不锄，不锄则科（蒜头）小”，种薤，八月初耩，“不耩则白（鳞茎）短”。认识到中耕不但有除草、保墒作用，还有熟化土壤、增加产量和提高品质的功效，体会很深，不愧为精耕细作的科学总结。种瓜也说“多锄则饶子，不锄则无实”。并概括地指出：“五谷、蔬菜、果蓏（luò，指瓜类植物的果实）之属，皆如此也。”

必须指出，随着气温的继续升高，春播出苗后单纯依靠“春锄起地”是不足以很好保墒的，还必须采取盖压措施，防止水分以汽态水的形式扩散损失。所以《要术》种谷子又指出：“苗既出垅，每一经雨，白背时，辄以铁齿镉楱纵横杷而劳之。”旱稻需水较多，“每一经雨，辄欲杷劳”。不但是为了熟化土壤，还为了对土壤中承蓄着的难得的雨水盖压保墒。对其他的谷物、蔬菜等同样很重视中耕保墒，如种黍穄，“苗生垅平，即宜杷劳”；大小豆，长叶后就得用耙耢“纵横杷而劳之”；大小麦，“正月、二月，劳而锄之；三月、四月，锋而更锄”，效果是“锄麦倍收，皮薄面多”；旱稻，“苗长三寸，杷劳而锄之”；葵、薤，锄的次数不嫌多；地黄，“有草，锄不限遍数”（按：地黄开始长根茎时应停止中耕，有草只能用手拔除）；等等。

有两种特殊锄法值得注意，一是种瓜，在瓜根部锄成一个四周高起中央低下的“土盆”，以便承接雨水，即所谓“微雨时，得停水”。二是不准锄，冬种葵菜至次年三月初叶片只有钱那样大，只能“有草拔却，不得用锄”，因为苗小根浅，容易起根锄死（还可能成片波及），同时苗小地面裸露，锄松表土会加剧汽化失墒。

中耕农具有耙、耢、锄、锋（图二十五至二十六，都是古代农具锋）、耩等多种，锄地黄还特制有“小刃锄”（地黄叶贴近地面，用大锄极易将泥土沾覆于叶上和茎心，现在也是用小手锄或花锄细心锄治），比汉代已有很大发展，尽量发挥中耕的多种性能，而保墒措施灵活多样，尤为突出。

3. 收蓄雨雪

保墒是一系列措施，除提高耕作、中耕质量和增施有机肥料等以加强保墒防旱效果外，还必须从长远打算，保持经常有较好的墒情，不是一时一阵过去就完事的。保墒应是收、蓄、保三方面结合的，必须有收才有蓄，有蓄才谈得上保。

（1）收蓄多雨季节的雨水。春播出苗需水不多，但随着气温的上升和作物生长的旺盛，耗水量日益加强，要安全度过春旱季节，接上夏雨的到来，必须有足够的底墒。底墒怎样使之足够，办法之一是夏秋耕地收蓄雨水。就是说，保墒要从头年多雨的季节做起。秋耕是夏雨收墒之后蓄墒保墒的关键。秋耕前土壤坚实，水分蒸发仍较强烈，通过入秋深耕，深翻耕层，与底层失去了毛管联系，同时土表又耙细加耢，覆盖较严，不漏风，既保住表墒，底墒也不易汽化跑失。再加上华北地区秋季还多阵雨，深翻更有利于容蓄较多的雨水。《要术》指出“秋耕欲深”，除加深活土层和熟化土壤外，还有利于蓄墒保墒，为春播作物提供良好的墒情，争取度过春旱季节，当然也有利于当年秋播和来年麦苗返青。

华北夏季多雨，《要术》强调大小麦、旱稻必须“五月、六月暵（hàn，晒干）地”，“不暵地而种者，其收倍薄”。“暵地”就是夏耕晒垡。晒后遇雨土壤酥散，有利于收纳雨水，再耕耙耢盖保墒，入秋种麦（旱稻春播）。晒垡后能改善土壤结构，提高地温，促进养料分解，并消除土壤内有害物质，又收蓄有良好的底墒，有利于作物根系的生长和扩展，增大了吸收养料和水分的范围，所以生长很好，不是“其收倍薄”，而是高产。晒垡现在仍是增产的有效措施之一。

（2）蔬菜栽培的压雪和冬灌。《要术》涵盖的地区干旱少雨，是在年降雨量只有五百至八百毫米的条件下进行旱农生产的，对雨水极其重视，一切都围绕着怎样更好地保水来考虑问题，所以不但对雨，对雪也是尽量保存利用。这样，就产生了压雪和堆雪的保墒技术。

压雪技术最早见于《氾胜之书》。它记载冬雪停止后随即用重物在雪上拖压，把雪压盖住，不让被风吹走，再下，再压。这样，到立春以后还保泽，“来年宜稼”。麦地也进行压冬雪，“则麦耐旱多实”。

《要术》压雪施用于大面积露地冬种葵菜（来春出苗），阴历十月土壤冻结前播种，种后耢两遍。以后下一次雪耢盖一次，不让风吹走，指出“劳雪令地保泽”。不但保泽，还有防冻作用。来春早出苗，所谓“春暖草生，葵亦俱生”。压雪防旱效果极其持续耐久，可以直到来年四月（阴历）。四月以前，虽然干旱也不必浇水，因为“地实保泽，雪势未尽故也”。明确指出压雪余墒完全可以度过春旱季节，观察验证比《氾胜之书》大为深入。

关于堆雪，施用于区种瓜茄。区种甜瓜是先耕埋豆科作物为基肥，阴历十月未冻前刨大坑播子，浇水上粪；冬月上雪时，急速并力推雪在坑中堆成大堆，保泽防冻使瓜早出苗，“至春草生，瓜亦生”；墒足基肥足，“茎叶肥茂，异于常者”，而且“常有润泽，旱亦无害”，同样能度过春旱，而接上夏雨时，瓜已成熟（“五月瓜便熟”），栽培成早熟甜瓜供食。冬瓜、菜瓜、瓠子、茄子，同样可以十月区种，堆雪坑上；早熟，“润泽肥好，乃胜春种”。

冬种葵菜，如果整冬无雪，则腊月中汲井水普遍浇灌一次，要浇透，效果也很好。这样除使土壤蓄墒外，同样还有促进冻后聚墒和酥土的作用，是防止来春干旱的有效手段之一。这是冬灌的最早记载。

以上葵、瓜、瓠、茄等都是初冬露地播种，藏子于地，来春早出苗的蔬菜栽培项目，是《要术》独具的特种栽培技术。现在比较流行的是用于菠菜栽培，立冬播种，来春早出苗，群众叫作“埋头菠菜”，赶在春菠菜前收获供食。

二、种子处理和选种育种

（一）种子处理

《要术》关于种子处理有晒种、浸种、催芽和一些特殊的处理法，分述如下：

1. 晒种

晒种有贮藏前晒种和播种前晒种，《要术》都很重视。贮藏前晒种为了除去过多的水分，防止贮藏期间发热变质，影响种子品质和发芽率。发热变质，《要术》的“术语”叫作“浥郁”，它警告说：“凡五谷种子，浥郁则不生，生者亦寻（不久）死。”所以非晒燥贮藏不可。不但谷物，茄子、红花子、槐子、楮子等也同样，其他未记明的，除特殊情况外，也应不例外。葱子、韭菜子不宜在烈日下曝晒，而应阴干，所谓“必薄布（摊）阴干，勿令浥郁”。

临种前晒种可以降低种子含水量，促进后熟作用和种子内酶的活动，提高种子发芽率，同时对种子上的病菌也有一定的杀灭作用，使出苗齐全和健壮。谷子、黍穄、粱秫、葵、胡荽、桑、柘等种子都记明必须临种前晒种，有的是先用水淘（水选）而后曝晒，效果更好。薤，作为繁殖用的鳞茎，晒后还须剥去鳞茎外层的“莩余”（干枯的外层膜状鳞片），切除鳞茎下面的“强根”（干缩硬化的茎踵和枯须根），因为这些东西留着都会影响薤种的吸水和妨碍新根的发生，指出“留强根而湿者，即瘦细不得肥也”。胡荽果实晒后临种时还须搓开，使果实内的两颗种子分离，脱离果柄，露出种孔，幼芽不易长出。处理细致，也很科学合理。

2. 对种子、果实的特殊处理法

桃子，熟时整个埋在多粪肥地中，使顺利通过后熟和春化过程，能提早发芽。《要术》说：“至春既生，移栽实地。”“实地”指一般的地，不能再栽在粪地中，不然，“则实小而味苦”，反受肥害。现在关中有些地方种桃还是这样全桃埋种。据果农反映，发芽早，生长快，结果大而多。《要术》对于种梨也同样采用全梨埋种法。另一种处理法不是全埋桃果，而是擘取新鲜桃核，头向上埋在墙南面向阳处预先掘好的深坑内放着的牛粪中，上面再覆盖粪和土一尺多厚。经过如此处理，到明春桃叶开始萌动时，埋着的核就已发芽了，可以连核种下，“万不失一”。种子经过低温处理，可以增强植株的抗寒力，并能提早成熟。《要术》的又一种种子处理法是，冬天将瓜子纳入热牛粪中，冻结后，连同牛粪一起拾取放在阴地，能使瓜“肥茂早熟”。这明显是利用冬季的自然低温来影响种子，收到增强抗寒力和早苗、早熟的效果。桃、梨的全埋果实，既促胚后熟，也有冬季低温的促进作用，在桃，还可软化硬壳，同时全肉埋种，没有分离、消毒、干燥、贮藏保管等一系列的繁细手续，就能自然安全出苗，方法简便，效果也好。

板栗怕干、怕热、怕冻。种子干燥易失去发芽力，温度过高容易霉烂，受冻容易变质，都不能作为繁殖材料。所以贮藏时必须保持适宜的温度和湿度，尤其要防冻。《要术》对此非常重视，它采取的处理法是板栗成熟脱出总苞后，立即埋藏在屋内湿土中，必须埋得深，保温保湿，勿使受冻，人工促使完成后熟，至春生芽，就可取出种下。《要术》引《食经》藏生栗采用沙藏法，至春生芽无虫。现在各地量多时采用层积沙藏法，最为稳妥，其理相同。

特别值得注意的是对坚硬果实的处理。莲子虽有极强的生命力，但由于种壳极坚硬，不易出芽。《要术》的种前处理法可说是独具匠心，非常巧妙合理。办法是在瓦上磨薄莲子上端的硬壳，以利吸水，并使里面的绿色莲心（幼芽）易于萌发出壳。这是“硬实处理法”的最早记载，出现在1400 多年以前很不简单。更巧妙的是莲子投种水中的方法：它把磨好的莲子用黏土在外面捏塑成一个平底的尖圆锥形的泥坨子，上端尖而轻，下部平而重。这样，投种水中，借助重力作用，入水沉泥，不但端正不偏，过后经受浪打或水流也不易偏斜，而黏土有入水不易解散的好处。考虑周密，成效显著，所以“皮薄易生，少时即出”，与不磨的迟迟不能出苗，不可同日而语。

3. 浸种、催芽

“浸种催芽”连起来是浸种使发芽，分开来，浸种只是浸泡种子使吸足水分，并不发芽，但有利于播种后较快发芽；催芽才是催使种子发芽而后下种。浸种，《要术》对于种麻子雨泽较少时采用之，只是“暂浸即出，不得待芽生”，而且由于泽少，播种也要深些（耧播）。雨泽多时，麻子就催芽，播种采用耧耩撒播法，比较浅，而且只能拖空耢轻盖，避免损伤已长出的根、芽。但催芽也要看具体情况而定，不是机械呆板的，例如，水稻催芽是“长二分”；旱稻只是催使“开口”，就是破壳露白就可以了，如果春寒时间较长，而种期已迫，那就不必浸种催芽，防恐芽被冻坏。适应具体情况，灵活多变，工作做得很细。此外，蓼蓝、槐子等也进行催芽播种。《要术》所记是我国浸水催芽的最早记载。

催芽的必要条件是水分、温度和空气，在人工控制下加速营养物质的转化，促使种子发芽。经过催芽，出苗迅速整齐，能早苗、全苗。值得重视的是，《要术》催芽技术已注意到水质问题，指出该用比较纯净的雨水，不能用含盐分较高的井水，因为咸井水会延缓种子吸水萌发的过程；同时还确切认识到不能老浸在水里，必须适时捞出摊在席上，不然的话，浸在水里“十日亦不生”。原因是老浸在水里，温度较低，尤其关键性的是缺乏空气的条件，种子缺氧，呼吸受抑制，因而影响发芽。当然这是贾思勰的直觉认识，他不知道含盐溶液和氧气对种子发芽的关系，但他的体察总结完全符合科学道理。

东汉崔寔《四民月令》记载清明节后“封生姜”,就是封藏种姜进行催芽,是我国对播种材料进行催芽的最早记载,类似的措施现在山东叫作“炕姜”。《要术》的一种特殊催芽法和这相似，就是上面讲到的板栗经过埋在湿土中的特殊处理后，“至春二月，悉（皆）芽生，出而种之”。其他如对桃、梨等果实、种子的特殊处理也是结合提早出芽进行的技术措施。

（二）选种育种

选种包含两方面的意义，一是选择优良的作物、果木、家畜、家禽的个体进行繁殖，二是选育成新品种。《要术》在这两方面都非常重视，选种广及种子、根蘖、接穗、插条、种畜、种禽等，并有不少值得重视的科学记述。

1. 穗选

《要术》指出谷子、黍穄、粱秫在田间选择穗形、籽粒表现良好、颜色纯净的优良单穗（“选好穗纯色者”），留作种子。经过穗选，有齐苗、壮苗和增产的效果。今天的“一穗传”是《要术》方法的继承和发展。

2. 清水选种

利用比重原理进行“水选”，淘汰掉浮在水面的秕粒、破粒、病虫粒以及夹杂物等，留下饱满下沉的种子。《要术》指出，谷子、黍穄、粱秫的种子，临种前必须进行水选，“浮秕去则无莠”。水稻也同样进行水选，指出，“浮者不去，秋则生稗”。认识其作用已很明确。其他如瓜子、茄子、桑椹、柘子、楮子等也都水淘使净，进行水选。盐水选种和泥水选种是后代的发展，《要术》中还没有。

3. 风选

利用风力飏去种子中未成熟和过小的子粒以及杂质等，留下粒大饱满的种子。《要术》记载一种选瓜子法，吃瓜时把味道好的瓜子收下，随即用细糠拌和，晒到快干时，用手揉搓，然后簸飏，细糠和瘪子等都簸去了，剩下了饱满的种子。

4. 其他繁殖材料的选择

包括优良品种、根蘖、接穗、插条等的选择。当时桑树的一种品种叫鲁桑，已有黑鲁桑、黄鲁桑的分化。《要术》指出，实生繁殖要选取黑鲁桑的桑椹来播种，原因是“黄鲁桑，不耐久”。按，黑鲁桑、黄鲁桑都是好桑种，而黄鲁桑之所以好中稍差是树龄比黑鲁桑短，这和实际符合。

枣树极易发生根蘖，而优良品种的种仁少，实生繁殖又不易保纯，所以《要术》采用根蘖分株繁殖法。所谓“选好味者留栽之”，就是选择味道好的枣树所发生的根蘖截取移栽。根蘖苗能保持母株的优良性状，是良种繁育的方法之一。

柳，采用扦插繁殖。指出选取当年春天长出的新枝条（“春生少枝”）

作为扦插材料，生长很快，因为“少枝叶青气壮，故长疾也”。“气壮”指生命力强。这在实践中和理论上都是符合科学的。

嫁接的重要条件是砧木和接穗的选择。砧木的选择关系到果树能否成活、健壮、丰产、长寿。因此，了解砧木的特性及其与接穗的亲和力是十分重要的。贾思勰对此有相当广泛深入的认识和经验。他指出：嫁接梨的砧木该选用棠梨，结果大而品质好，杜梨次之。用枣或石榴作砧木，十株只有一二株成活，但品质上等。用桑树作砧木，梨的品质很坏很坏。梨跟枣、石榴、桑都不同科，亲缘很远，一般认为嫁接难以成活，但《要术》记载有突破，品质则是一好一坏的两个极端。棠梨、杜梨比较耐旱，能抗寒，耐盐碱，现在仍是我国北方梨的主要砧木。

接穗决定果树品质的优劣，除选取好果种外，还应是充实、向阳、没有病虫害的枝条，以使苗木生长健壮。《要术》指出，“折取其美梨枝、阳中者”，就是选择优良梨种的向阳处的枝条作接穗。选取树冠中上部向阳处的枝条，仍是现在选择接穗的条件之一。它又指出，用主干基部长出的小枝条作接穗，树形好看，但要五年才结果；用“鸠脚老枝”作接穗，三年就可以结果，但树形难看。“鸠脚老枝”实际是指像斑鸠脚爪状的短果枝群，由于已缩短了相应的幼龄期，所以提早二年结果。《要术》对谷物、蔬菜、果树和树木都有注重早熟和早用的倾向。

5. 种子的鉴别和测试

大麻是雌雄异株的植物，种雄麻以收麻纤维为目的，种雌麻古代主要为了收获子实，而雄麻的生长期比雌麻短得多，到盛花期，雄麻就该收割。因此，雌雄麻最好不要混种在一块地里，而把它们分开来种，所以《要术》有《种麻》（雄麻）和《种麻子》（雌麻）两篇，播种期后者早于前者。

这样就产生一个麻子性别的鉴别问题。经过长期的生产实践，古代农民摸索出一条鉴别“规律”，就是灰白色的麻子是雄麻，斑黑色的是雌麻。不过，麻子果皮色素的深浅和性别的雌雄没有必然的关联，鉴别并不那么准确。

麻子的新陈好坏，关系到出苗和生长，《要术》有两种简便快速的鉴定法值得注意。一是咬破法：麻子的外观虽然好，把它咬破如果里面没有油泽，就是“秕子”，实际是没有成熟，不能作种。二是口含法：到市场上购买，把麻子含在口内，如果不多时就变黑的，是贮藏中变了质的，也不能作种；不变色的才是好的。

韭菜子的寿命很短，有效发芽力只能保持一年，所以必须用新子播种。可是种子的新陈很难鉴别。《要术》采用一种用火“微煮”的办法可以测定其新陈。通过“微煮”，过一会儿就发芽的是好种子，不发芽的是丧失生命力的坏种子。这是测试韭菜子生命力的快速有效的方法，巧妙而科学，早在 1400 多年前已有这样的科学记载是了不起的。

6. 良种繁育

《要术》中最引人注目的是黍粟类的良种选育，有一整套穗选、单收、单藏、单种保纯以及精心管理等措施，年年如此选育，可能培育成新的优良品种。甜瓜选取“本母子瓜”（主蔓近根处的支蔓上最先结出的瓜），只取它中部的瓜子作种，年年如此选种，可以培育出早熟的瓜品种。这里不详说，主要谈谈家畜、家禽的良种繁育。

马，在相马的基础上选育良种，必须淘汰失格的劣马，以免影响后代。

选留种羊，以腊月和正月生的羊羔为最好。因为初秋交配的母羊，能整天吃到营养丰富的秋草，使羔子在母胎中就生长发育良好，生下后虽值天寒草枯，但有丰足的母乳，待至乳尽，恰已接上嫩草，所以长得体质健康充实，能保持其品种特征，具有育种价值。冬羔具有体躯肥壮、耐热耐寒和抗病力强等优点。目前我国西北地区一般仍选留冬羔作种。公母羊的配种比例，十头羊中配上两头公羊，这在自然交配中，配种比例是偏低的。

选育母猪，“短喙无柔毛者，良”。嘴筒短善于吃食，则消化系统发达，易于早熟和肥育。“柔毛”，指绒毛。群众经验，猪以毛疏而净者长得快长得好，绒毛猪不宜留种。

种间杂种的选配：公驴配母马所生的后代，或公马配母驴所生的后代，都是种间杂种。前者叫骡，也叫“马骡”，即母马所生的骡；后者古称“駃騠”（jué’tí），今称“驴骡”即母驴所生的骡，寿命比牛、马、驴、骡都长。驴骡较少，现在主要分布于华北农业区。《要术》指出，繁殖驴骡必须选配“骨目正大”的母驴。“骨目正大”是说骨盆发育周正宽大并无畸形，所谓“母长则受驹，父大则子壮”，认识到亲代和杂交后代的因果关系。

鹅、鸭，该选择“一岁再伏者为种”。“一岁再伏”，指一年中第二次孵化的小雏，非指一年两抱的母禽。第二次孵化一般在春夏间，天气转暖，青草已生，而且白昼放养时间长，苗鹅、苗鸭长得好，发育快，最适宜于留作种用。第一次孵化是冷天下的卵，天越冷，受精率越低，因而孵化率也低，而孵出的小雏不健壮。第三次孵化则在冷天，成活率低，所谓“冬寒，雏多死也”，不死的也体质虚弱，不宜作种。

三、播种方法与无性繁殖

（一）播种方法

《要术》根据作物特征、土壤和水分条件等的不同，采取多种多样的播种方法，灵活运用，有时两种方法结合，播种技术比汉代已有很大进步。

1. 漫掷（撒播）

漫掷是任意撒子，只求稀密均匀，没有落在哪一处的限制，《要术》有时简称“掷”，又称“漫散”“漫种”，相当于今天的撒播。《要术》中开荒地种黍穄，大田种葵菜，又，种大麻、胡麻、茭豆（作饲料用）、小豆、水稻、蔓菁、红花，以及种柞树等，采用这个方法。

漫掷的技术要求，通常必须以整地精熟为前提，然后撒播。根据种子特性、土壤水分和某种技术要求而采用此法。通常要求浅播时采用之。例如，胡麻种子细小，顶土力弱，要求浅播，就先用耧耩，然后撒子。种大麻、小豆，土壤湿度较大时，要求浅播，也是先用耧耩，然后漫掷（《要术》叫作“耧耩漫掷”），催过芽的胡荽，也采用撒播；如果土壤水分较少，要求播得深些，则采用耧种，不行撒播。种楮、种槐有某种技术要求，则和入麻子一起耧耩漫掷。荏（白苏），容易生长，在园畔随便撒子就可以了。根据种子特性、土壤墒情以及技术要求的不同，合理掌握运用。

2. 耧种（条播）

耧种就是用耧车（也叫耧犁、耩子）播种，《要术》又称“耧下”“耧头（耧腿）中下之”。播种方式是条播。种大豆、小豆、红花，山田种大小麦，土壤水分较少时种大麻等采用之。通常要求播种较深时采用耧播。

条播的另一些方法是看具体情况而定，它不是用耧车直接从耧腿溜之，而是：（1）用耧犁耩沟，随后由另一人在沟中撒子，如种胡荽所说“耧耩作垅，以手散之”（《要术》的“垅”，概指低垅，即播种沟），种大蒜所说“黄墒（shāng，田地里土壤的湿度）时以耧耩，逐（挨次）垅手下之”，种紫草也是如此。（2）有时则用犁开沟，就是种大小麦说的“逐犁掷之”。（3）还有为了要求种得深些，播幅要求宽些，采用一沟内耩两遍的办法，使播种沟耩得深些阔些，即所谓“重耧耩地，使垅深阔”，种大葱、苜蓿都采用这样的种法。但无论是耧播还是用手下子，都必须以预先把地整熟为条件。

3. 锄掊掩种（点播）

《要术》种红花的播种方法，除撒播、耧耩外，也采取“锄掊而掩种”。这就是锄头刨穴点播，然后把土盖上（“掩种”）。掊（pǒu），就是现在的“刨”字。

4. 为楮作暖与胁槐令长（混播）

混播有两种方式：一种是点播式的混播，如种甜瓜，把瓜子和大豆一起混播在同一穴中，主要是利用大豆顶土力较强帮助瓜子子叶出土。一种是撒播式的混播，例如在楮子中或槐子中混和大麻子一起耧耩撒种，其作用前者是利用大麻苗为楮苗保暖（“为楮作暖”），后者是利用大麻苗胁迫槐干向上挺直生长（“胁槐令长”），避免“曲恶”，长成“亭亭条直，千百若一”的挺直美材。点播式或撒播式的混播各有特种技术要求，方法简便而机巧。孔子学生曾参说过“蓬生麻中，不扶自直”，谁也没有去注意，只有贾思勰第一个运用“不扶自直”的原理付诸实践，巧妙地利用麻苗“胁槐令长”，人工培育成亭亭挺直的槐树。他已认识到植物有争阳光竞长的特征，这是很不简单的。

5. 稿种

这是指前作收获后不经过耕翻就下种，即所谓“不耕而种”。主要是秋收后牛力弱来不及耕翻而采取浅锋灭茬之后，到九月、十月（阴历）耢一遍，至明春稿种。又，种大豆，秋锋的地，也可以至明春稿种，种小豆，牛力不足时也可以不耕就稿种。稿种究竟采取怎样的种法，《要术》没有明说，但从种大豆的“必须耧下”，可以反证稿种是采用条播。当然，也不排斥点播，或者撒播。总之，它是“不耕而种”。

6. 逐犁稀种（开沟点播）

这是先犁出犁道，随着犁道下种，再覆土掩盖种子（“稀种”）。《要术》种大小麦采用此法，指出特别省种子而棵丛大，那该是往犁道内打穴点播，和“逐犁掷之”的条播不同。种旱稻采用“耧耩稿种”，同样省种子而棵丛大，那种法相同，只是开沟前者用犁后者用耩子不同罢了。薤，要求深播使鳞茎肥大，采用“重耧耩地，使垅深阔”，然后“掊而种之”，就是在沟内再刨穴下种。生姜也是重耧耩地，相距一尺下一块种姜。这些都是以条播的形式进行穴播，可以说是二者相结合的一种播种法，是《要术》特有的。

7. 种法比较

贾思勰对各种播种法做了比较研究，指出什么情况下该用什么种法和它们的优劣——哪种最好，哪种次之，哪种最差。例如，种大小麦，比较三种种法：（1）先开犁道，随着犁道打穴点播，然后“稀种”，最好。这是因为冬麦要经过严冬季节，需要种得深些，覆土要严实些。（2）随着犁道撒子（“逐犁掷之”）也可以，但不如打穴稀种的耐旱，较次。（3）山田和强土应该耧播。耧播的不但比稀种浅些容易出苗，而且也便于中耕时锋、锄。从便于中耕锋麦，可知《要术》耧播的行距比用犁开沟的要宽些。

又如种小豆，作四种种法的比较：（1）把地耕熟，用耧车下种最好。（2）如果地比较湿，先用耧耩，然后撒播耢平，在没有出苗前地面白背时再耢一遍，也很好。（3）先撒播，再犁地覆土（“漫掷犁畤”），就差些。（4）稿种，最不好。通过对比分析，贾氏对各种播种法有比较深入细致的研究。

（二）无性繁殖

1. 栽

《要术》中栽的含义，作为动词，同一般，就是栽植；作为名词，则指栽子，就是树栽。

栽子的来源，通常指无性繁殖的树苗，包括分株和压条，偶尔也指播种苗（实生苗）或野生苗。根蘖分株、压条、播种苗、野生苗都是自成一新植株，《要术》才叫作“栽”；至于扦插，它的繁殖材料只是单纯的枝条或根段，不是新植株，《要术》绝不叫“栽”，而且由于其材料易得，技术简单，《要术》还把白杨和柳等的扦插叫作“种”（当然，扦插的操作也可以叫“栽”，如石榴）。有的书和文章拿扦插总括《要术》“栽”的全部，也有人硬分《要术》的“种”为有性繁殖，“栽”是无性繁殖，都是对《要术》的栽、种没有进行全面分析过早下的结论。

2. 插

嫁接，《要术》叫作“插”，用于梨和柿。采用的是枝接法。梨的砧木用棠梨或杜梨，柿的砧木用软枣（柿树科的君迁子），这是很通常的，这些现在也是梨、柿的主要砧木。值得注意的是《要术》还采用枣或石榴作为梨嫁接的砧木，梨与枣、石榴不同科，亲缘很远，一般认为没有亲和力，但《要术》记载仍有一二成的成活率，而且梨的品质上等，说明古人的嫁接技术相当高超。

3. 压枝

就是今天的压条。《要术》对桑树、柰（苹果）、林檎（沙果）、木瓜的繁殖，有时采用压条法切取压条苗为栽子。

4. 畼（shāng，今墒）中宽狭，正似葱垄

这是扦插白杨和杨柳的一种开沟措施。畼，这里指播种沟。这是说开

沟的宽狭要像种大葱的沟那样的宽度（大葱的播种沟要求深阔些，采用的办法是在一沟内重耩两遍）。现在是扦插白杨和杨柳，则是采用犁两道（顺耕一犁，逆耕一犁）的方法，使沟比较深阔，扦插白杨还在沟内刨一植穴，使更深些，然后把插条埋在沟中。白杨的插法是把插条的中段屈着埋在沟内，两头竖起伸出土面，所以要在沟内再掘一植穴。

5. 泄根

这是人工砍伤果木根部促使萌发根蘖从而取得新栽的方法。《要术》的方法是离开大树数尺绕着大树掘坑，露出（“泄”）侧根，把它切断，促使伤口萌发不定芽，以后长成新植株——根蘖苗，就可以切取作为栽子。根蘖苗、压条苗出自母株，有保持母株优良性状的优点。

泄根法：《要术》用于不易自然发生根蘖的柰、林檎或开花不结实的楸、白桐（泡桐）等果木。楸是异花授粉植物，如果单株自花授粉，由于花粉在柱头上不能发芽，或发芽后不能受精，往往开花而不结实；但如果二株实生树生长在一起，经过昆虫传粉，便能结实。泡桐雌雄异株，如果单株或同性植株生长在一起，也是开花不结实。《要术》说楸不结子，泡桐“花而不实”，所见该是这种情况，所以要采用人工泄根法来诱发根蘖取栽。柰、林檎不易自发根蘖，除采用压条法繁殖外，也采用泄根法取栽。《要术》概括地指出：“凡树，栽者皆然矣。”是说凡是不易取栽的，都可以行泄根法取栽。

6. 鸠脚

《要术》说嫁接梨树如果选取“鸠脚老枝”作接穗，可以提早二年结果，但树形丑陋。鸠脚，指结果枝分叉像斑鸠脚的形状，实际指短果枝群。老枝，指结果枝的二年生枝，由于缩短了它相应的幼龄期，所以可以提早二年结果，但树形难看。

《要术》说到桑树采条叶，如果采得不干净，就会“鸠脚多”。这个鸠脚，指剪取条叶时没有齐基部剪下留下的枯桩。这种枯桩很容易诱发病虫害。

7. 棠、掌

这两字是同一字，读“成”音，是碰动、抵触的意思，不是棠梨或手掌。《要术》说，果木嫁接好或移栽好后不要去“棠近”或“掌拨”，就是说不要去碰它，以免影响成活。

四、播种技术、轮作和间混套种

（一）播种技术

在播种时期、播种量、播种深度和均匀度方面，《要术》也有值得重视的科学记载。

1. 播种时期

《要术》强调播种及时，是否及时分为上、中、下三时，下时是最晚的下限，告诫人们不能再晚了。同时注意掌握物候以定播种时期，比机械的某月某旬更合理。指出在一般情况下，宁早勿晚，早播的一般产量较高，品质也较好。

2. 播种量

播种量按播种期、土壤肥瘦和播种方法等掌握多少。早播的少些，迟播的多些。谷子、大麻、大葱等，肥地多些，瘦地少些；水稻、大小豆，肥地少些，瘦地多些（引《四民月令》）。指出大麻过稀过密都会影响产量和品质。播种方法不同，多少也不同，点播的少些，条播的多些，撒播的更多些。

3. 播种深度

看墒情、季节、作物的不同而定。雨泽多时，浅些，一般采用撒播；雨泽少时，深些，采用耧播。谷子，春播深些，夏播浅些。大小豆和葱蒜类蔬菜，深些，或“重耧耩地”，更深些；胡麻，浅些，栽稻苗，浅些。

4. 播种均匀度

《要术》对此也很重视。胡麻种子扁小不滑溜，耧种时该用炒沙拌和溜子；葱子三角状，不滑脱，点葫芦播种时该拌和炒谷落子；蒜、薤、姜的下种，以及定苗和扦插，都规定了株距尺寸。

以上说明贾思勰对播种时期、播种密度、深度、均匀度等关系到播种质量的关键措施，结合播种方法和气候、土壤、水分等具体条件，清楚认识到播种是否合理会给作物带来怎样的影响，所以采取周密细致、分别对待的多种措施，步步为营，以适应作物的顺利生长，从而提高收获量和品质，其科学成就是超越前代的。

（二）轮作

历史上耕作制度的发展，经历了抛荒制、休闲制而发展为轮作制。轮作是在一定的年限内，在同一块土地上轮换种植几种不同的作物。合理的轮作能调节土壤中的养料和水分，恢复和提高土壤肥力，防除杂草和病虫害，从而提高作物的产量和品质。《要术》明确指出谷子、水稻不宜连作，连作则稗子、杂草猖獗；大麻不宜连作，连作会有茎叶夭折的病害，都极为有害。

轮作复种不但可以提高土地利用率和充分利用生长季节，而且是用地与养地相结合、保持地力长期不衰的积极措施，尤其《要术》时代以豆科作物加入轮作，其效果更为显著。《要术》时代作物种类很多，作物之间互利互抑的关系复杂，经过长期的生产实践，趋利避害，形成丰富多彩的合理轮作方式，书里记明的各种作物的前作是：

（1）谷子的前作——绿豆、小豆、瓜（为上），大麻、黍、胡麻（次之），蔓菁、大豆（为下）。

（2）黍穄的前作——大豆（次之），谷子（为下）。（新开荒地为上）。

（3）茭豆（青刈大豆）的前作——麦。

（4）小豆的前作——麦、谷子。

（5）大麻的前作——小豆。

（6）瓜的前作——小豆（佳），黍（次之），晚谷子令地肥润。

（7）蔓菁的前作——大小麦。

（8）胡荽的前作——麦。

（9）紫草的前作——黍穄（大佳）。

以上的轮作换茬展现出两个特点：一是前作对后作的比较研究，指出哪种最好，哪种次之，哪种较差，引导人们选好避差，获得轮作的满意效益。没有多年的存心体察比较研究是不可能做出这样的评判的。二是豆科作物加入了轮作。豆科作物在《要术》中不但加入轮作，还有意识地种作绿肥，“美田之法”、种葵、种葱、种瓜等，都种绿豆或小豆作为绿肥，春种的绿肥夏季耕翻掩入土中，夏种的绿肥秋季耕翻掩入土中，效果是“其美与蚕矢、熟粪同”，“良美与粪不殊”。已清楚地认识到豆科作物有提高土壤肥力的作用，从而保持地力长期不衰。这在我国是精耕细作的卓越成就之一，在欧洲中世纪“二圃制”“三圃制”时代是没有的。

从《要术》的轮作方式反映出的种植制度是一年一熟和二年三熟。《要术》中种小豆说，一般是用麦底，但怕时间稍迟，地多的人家常是兼留去年的谷子地种小豆。这样的安排，谷子地收割后就空闲着，准备明年种小豆，反映其地只种一熟谷子，是一年一熟。再把某些轮作关系联系起来，可以探索二年三熟的种植方式，例如：

麦→大小豆→休闲→谷、黍

这就是第一年秋季种麦，第二年夏收麦后种大小豆，收豆后休闲，第三年春夏种谷、黍，入秋收割，这是二年三熟。当然还有其他的一年一熟和二年三熟的种植安排，但二年三熟发展到怎样的程度，无从推测。不过是在向着集约经营提高土地利用率的方向发展则是可以肯定的。

（三）间混套种和其他

轮作复种可以提高土地利用率，但并没有到顶，着眼于尽量提高土地、光能利用率，充分利用生长季节，还大有潜力可挖。这样，人们就想方设法利用植株空间和季节时间的交叉而逐渐发展成间、混、套种的增产措施，进一步发挥土地潜力，提高复种指数，增加单位面积产量。

《要术》中记明的间、混、套种的例子有十多种。值得注意的是它不是胡乱地随意种植，它已注意到作物的合理搭配，清楚地认识到作物之间的互利作用和互抑关系。例如，桑树下间种绿豆、小豆，指出“二豆良美，润泽益桑”；甜瓜植穴中混种大豆，利用大豆顶土，但瓜苗长出几片真叶时，必须掐断豆苗，因为豆苗遮荫，不掐去反而对瓜苗生长不利；楮子中和入大麻子混播，利用麻株给楮苗保暖，否则，楮苗多被冻死；槐子中和入大麻子混播，利用麻株胁迫槐干向上挺直生长，否则，槐株不但长得慢，而且“曲恶”，这是贾思勰运用了“蓬生麻中，不扶自直”的原理，很有卓识；葱中可以间作胡荽，大麻地里可以套种蔓菁，葵地中可以间作诸菜，等等。反之，切不可在大豆地里间作大麻，那会“扇地两损”，两者都减收；榆树枝叶茂密，随其树冠大小东西北三面遮荫，不要在榆荫下种喜光作物的五谷；但树荫下可以种胡荽、蘘荷。这说明喜光作物和耐荫作物在间作套种上应该怎样合理配置，也有清楚的交代。

在桑粮间作或桑菜间作时，桑是主体，粮、菜是短期的搭配。在这方面，《要术》特别注意桑株的大小和行株距的宽窄以及作物搭配问题。桑苗第一次移栽时，苗小株距较密，宜锄地间作绿豆、小豆，最为有利。第二次移栽定植，行株距很宽，可以进行犁耕，犁不到的地方加锄、壅粪，间作禾豆或芜菁。指出树冠互相交接遮蔽上空，不利于禾豆的生长（“阴相接者，则妨禾豆”），首次涉及林间郁闭情况与间作喜光作物的关系。为了便于间作，桑树的行株距为十步一株，其郁闭度很小。为了尽量利用土地，禾豆不妨离树近些。在栽培过程中，禾豆需要中耕管理，豆类还有固氮作用，对桑有利，同时也熟化了土壤，即所谓“不失地利，田又调熟”。但芜菁要离树远些，不能逼树。芜菁收获后放猪在地里拱吃残根剩茎，“其地柔软，有胜耕者”，并且还有自然施肥的效果。这是非常巧妙而科学的安排。

此外，还有两项措施值得重视。其一是扩大土地利用面积，向山阜、水域进军。山阜和瘠薄之地不宜种五谷的，可种枣、榆、柞等果木；旧城墙、堤上、丘冢等高燥地方可以种食茱萸；山涧河旁及下田渍水地方不好种五谷的，可以扦插杨柳和箕柳；池塘中则种水生植物，如莼菜、莲藕、芡、菱等，菱还可以备荒。尽量对不能生产粮食的土地加以利用。

其二，对某些树干容易弯曲的树，设法培育使之挺拔通直。我们知道，生长在丛林环境中的“林木”个体，树干比较通直高耸。榆树容易弯曲，《要术》采取使之通直的方法是，不把榆苗过早地移栽，让它在苗圃的“丛林”中生长三年而后移栽，即所谓“初生即移者，喜曲，故须丛林长之三年”。这一技术，跟麻株胁槐挺直生长的原理是相同的，也和丛林环境中的林木个体有通直高耸的特征的道理相通。

还有一项特殊技术更显得独具匠心，为了取得桑、柘的直长主干做材料，在土层厚、地下水位低的高地中多掘深坑，深及一丈、一丈五尺，就在坑中种桑柘，桑柘生长后直上出坑外才分枝疏散，主干通直一丈或一丈五尺，“此树条直，异于常材”，因此很贵重，一株值绢十匹。不用人工培育管理，利用深坑迫使主干自然挺直上长，培育成优良通直木材，贾思勰颇有些技术高招，把他的“丛林技术”推而广之，发展到了一个新境界。

五、关于动植物的保护和饲养

（一）植物保护

《要术》在保护栽培植物方面，采用多种对病虫、杂草、鸟兽等的防治方法，方法防重于治，具有以防为主的重要意义。

1. 防治杂草猖獗

通过合理轮作可以减除杂草为害，《要术》对此已有明确的认识。例如，强调谷子不宜连作，连作则杂草多，收成薄，农谚所谓“谷后谷，坐着哭”，正是此意，所以必须换茬，以避免严重弊害。同理，水稻连作则稗草、杂草猖獗。但有时不得不重茬，那怎么办？必须采取对应措施，即在稻苗长到“七八寸”时，拔起稻苗重栽。由于水田杂草顽固难除，所以《要术》用人工拔尽田中杂草，然后再栽回拔起的稻苗，去除杂草才比较彻底干净。《要术》是直播水稻，没有提到做秧田，这个拔草重栽的方法很费劳力，它进一步发展，就是后代的育秧移栽，似乎给我们提供了从直播到育秧的过渡类型。

2. 病虫害的防治

在这方面《要术》采用了多种方法：

（1）认识轮作可以防治病虫害，如种大麻指出，重茬有茎叶夭折的害处，不好织布（这可能是一种土壤传染的立枯病），换茬可以避免。

（2）根据昆虫生活规律和环境因素防虫。例如，种芜菁，必须七月初种，六月种的多虫；枣树行间必须除尽杂草，杂草是害虫窝，所谓“荒秽则虫生，所以须净”，防患未然，非常合理。

（3）利用火力和曝晒防治病虫害。例如，宿根植物苜蓿，每年正月烧去地面枯死茎叶，有烧灭害虫病菌的作用，也有增加钾肥和提高土温的效果。榆和楮的实生苗，正月贴地砍去，“放火烧之”，这是进行平茬烧头处理，有促进苗株旺长的作用，同样也有烧灭害虫病菌的功效。贮藏小麦，利用伏天烈日曝晒，趁热贮藏，以使在密闭状态中由于高温的延续，进一步消灭尚未晒死的害虫和病菌。这是小麦热进仓处理的最早记载。

（4）药物防治等法。如盐和瓜子以防“笼”病，瓜根下撒“灰”治虫。又，用带髓的牛羊骨放在瓜根下，以诱杀蚂蚁，方法简单，可说是一种间接的生物防治。

3. 防止鸟、畜破坏

路旁地上种五谷，往往被六畜糟蹋，该在沿路边的外围种上胡麻、麻子作为防护，因为胡麻六畜不食、麻子被咬去梢头，反而分枝多，所以可以起到保护五谷的作用。移栽竹木，嫁接果树，都要设法防护牲畜抵触撞击，影响成活。种白苏必须近住家，因为麻雀很喜欢啄食苏子。枣子全红了必须及时采收，避免被鸟类啄食。榆树不要种在庄稼地旁，否则招惹麻雀，糟蹋粮食，应该另外分出一块地来种。预防鸟、畜破坏，保护工作也相当精细。

4. 注意作物品种抗逆性，以减轻病虫等危害例如，当时谷子品种多至86个，按形态、性状分为四大类，分别指出其耐旱、耐水、耐风、免虫、“免雀暴”（避免雀鸟啄食）等抗逆性能。贾思勰警觉地指出，其中14种“熟早免虫”，说明由于早熟而逃出虫口，不受或少受虫害；24种“穗皆有毛，耐风，免雀暴”，已正确认识到谷子小穗基部刚毛长的，有缓冲穗子因风撞击避免落粒的作用，也使雀鸟避而不敢啄食。但有10种晚熟，耐水，却容易遭受虫灾的严重危害。还指出应按品种特性因地制宜栽培，茎秆粗壮坚强的抗风抗寒力较强，宜于种在山田；茎秆较柔弱的宜于种在低平地，以求较多的产量。肥地种早种晚都可以，瘦地必须种早，种晚了一定没有好收成。

5. 预防霜冻

《要术》最早记载了果树预防霜冻法，采用的是行之有效的熏烟法。值得称道的是它预测霜冻的科学总结，是一种准确的“气象预报”。《要术》告诉人们“天雨初晴，北风寒初，是夜必霜”的科学规律，比《氾胜之书》每半夜在田间守候是一飞跃进步。按：霜的形成条件是地面附近的空气湿度大，气温突然下降，使水气凝华而变成霜（有时先结成露，后因降温而凝结成霜）。雨后，近地面空气湿度大，又转晴，水分蒸发多，因此水汽含量增加，遇上冷空气加强时，“北风寒初”，气温急剧下降，正给凝华成霜创造了冷变条件，这一夜，必然出现霜冻。这是非常富于科学性的古代的气象预报。

（二）动物饲养

《要术》关于家畜、家禽的饲养管理，无论是总的饲养原则，还是具体的饲养方法，多有正确合理的经验总结。这里只谈特别值得重视的和颇有机巧的四件事。

1. 家畜的安全越冬问题

备足饲料，对保证家畜安全越冬和防止春季瘦死，具有极其重要的意义。贾思勰在这个问题上遭到过惨痛教训，所以非常重视，处处提高警惕。养牛马必须“充饱调适”，否则冬季缺食，躯体瘦弱，“春中必死”，所谓“羸牛劣马寒食下”，瘦牛弱马过不了寒食节（清明前一天），必致倒毙（“下”）。这不是危言耸听，冬季没有贮备充足的饲料，牲畜吃不饱，消耗大于补偿，只有日渐掉膘消瘦，逃不出冬瘦、春死的严酷规律。

农家一般没有那么多的谷、豆饲料，应该尽量利用青草和水生植物。《要术》指出，四月青草和茭豆一样美好，可是齐地习惯上不收割，损失很大。水草、水藻等猪很爱吃，应该从池塘中耙搂上岸让猪吃食，把糟糠留着作为越冬饲料，两得其利。

特别是羊群，头数多，需饲料量大，应该专种茭豆作为安全越冬的准备。可以在阴历三四月中大豆和谷子混合撒播，到八九月收割作青饲料，也可以制成干草备冬。如果不种豆谷，该在青草将结实前进行大量收割，以豆科杂草为最好，薄摊晒干，贮积备用。这都是为了保证羊群冬天吃饱吃好，安全越冬。贾思勰指出乘秋割草，不仅是为了准备饲料，而且是“悉皆倍胜”的好草料。秋季将结实前的青草，品质好，产量好，尤其豆科杂草的营养价值很高。贾氏已清楚地认识到是“倍胜”的营养饲料，今天农谚说的“秋天的草，冬天的宝”，正是此意。

如果麻痹大意不备足茭草，羊只初冬挟秋肥余势，看上去还有些膘肥，但整冬饲料接应不上，必致日益消瘦，哺乳母羊还被羊羔耗竭点滴乳汁，至春必然瘦死，而羊羔未能吃草，不久跟着也死。贾思勰自己养过二百头羊，由于经验不足，没有备足越冬茭豆，结果吃了秋肥、冬瘦、春死规律的大亏。

这给贾氏的教训是深刻的，所以他十分强调备足越冬饲料的问题，牛、马、羊、猪无不如此。

2. 饲养给草的方法

针对羊爱干燥地方和爱干净的特性，避免羊群争草踩污茭草，设计一种巧妙的隔栅抽草法：在高燥地方用桑木或酸枣木竖立起两个圆形的栅栏，周围“五六步”左右，把茭草堆积在栅栏里面，高到一丈也没关系。这样，让羊在外面绕着栅栏抽吃茭草，整天连夜抽吃不停，从冬到春没有不膘肥的。不这样的话，只是把草扔给羊群，即使有很多很多的草，羊群只在草堆上挤挤踏踏争草吃，把草踏脏了，羊没有吃到多少草，草倒给大量践踏糟蹋掉了，造成严重的浪费。

3. 仔猪肥育法

仔猪在一定日龄后除吃母乳外，需要加饲料补料。补料是植物性较精饲料，以使仔猪消化器官早期得到锻炼，有利于消化机能的加强，满足其生长发育的需要。但存在母乳和补料的喂饲矛盾，就是说，仔猪吃母乳需要母仔同圈，而好料是补给仔猪的，不能让母猪争吃，那又该母仔分圈，这个矛盾如何解决？《要术》又设计一种简便、巧妙、两全的方法：竖埋大车轮在地上，隔出一小块猪圈做“食场”，把粟豆放在里面，仔猪可以从车辐中穿过，自由进出吃食粟豆和母乳，但母猪不能越过轮圈吃粟豆。这样，仔猪吃得饱，就长得快长得肥了。方法巧妙，巧就巧在母仔既分开又不分开，既同圈又不同圈，为了保证哺乳期仔猪除吃到母乳外，还能稳当地获得补料的满足，排除母猪大胃口的“插手”，使有限的粟豆精料专供仔猪，确是一种供乳和补料二者兼顾两全其美的好办法，是很有意思的。现在也常采用此法，当然不是用车轮而是用栅栏隔开。

4. 养鸡速肥法

采用围墙舍养的方法：划出一块地方，四周筑起矮墙围护，靠内墙披盖个小厂屋，鸡就围养在矮墙里面，都斩去翅翎，不让它飞出，小厂屋作为遮蔽风雨烈日的鸡舍，在屋壁上凿个孔洞，也是母鸡产蛋、抱雏的场所。多收稗、秕、胡豆之类专门饲养，易于速肥。这样围起来饲养，还可以避免大鸡爬屋、糟蹋菜园，小鸡被乌鸦、老鹰、狐狸侵害。小鸡长到鹌鹑那样大小时，如果准备“供食”的，可以另筑一小围场，用蒸熟小麦喂饲，很快就长肥大。这是用精饲料催肥肉用鸡。

六、对生物的鉴别和对遗传变异的认识

（一）对生物的鉴别

1. 相马法

《要术》中关于马的外形鉴别资料最为丰富，相牛次之。这些从很古时代发展下来的鉴别技术，无论在总体要求方面还是躯体部位、毛色以及口齿鉴别等方面，以现代外形学来衡量，大多符合科学要求。由于内容太多，这里只谈总体要求方面的留强汰弱两点。

《要术》相马说：“马：头为王，欲得方；目为丞相，欲得光；脊为将军，欲得强；腹胁为城郭，欲得张；四下为令，欲得长。”这是从马体自头至脚总的方面指明重要部位必须具备的良形。所谓“王”和“丞相”，表明头和眼居于马体的主宰地位，“方”谓正直高峻，昂扬有威势，“光”是目光神彩明澈。“脊”指背椎、腰椎部，“强”则能负重，强抗有力，无论骑乘、挽用，都是必要条件。“腹胁”指胸腹部，胸要开张，腹要充实、紧张，则善跑，有持久力。“四下”即四肢，要求相应地长而有力，善能乘传致远。头部、躯干和四肢构成马体的三大主要部分，这里合三者的良

形而要求于一马，所以符合骏马的条件。

《要术》又指出："凡相马之法，先除三羸（léi，瘦弱）、五驽，乃相其余。"上面是从总的方面对马的良形作原则的肯定，这里再从总的方面用失格淘汰法来剔除劣马。三羸、五驽，指八种体形不良和严重失格的马必须淘汰。这种劣马不但影响骑乘和役用，更严重的是影响后代，影响良种繁育，所谓"害群之马"，所以必须"恶者辄去，无令败群"。这对选种育种具有极其重要的意义。

2. 对植物性别和种类的鉴别

（1）对植物性别的鉴别。《要术》说，大麻种子"白麻子为雄麻"，"斑黑麻子"为雌麻，显然以果皮色素的深浅分辨雌雄性别。这个说法，在我国始于 2 世纪的《四民月令》。在欧洲，直到 17 世纪才有关于植物性别的报道。虽然这个鉴别法并不十分准确，不过《要术》又指出："斑黑者饶实"，似乎对绝对说做了相对说的修正，是说斑黑麻子虽然并非全是雌麻，但种下去大多是雌麻而结实多，则仍有相对的鉴别作用。又，对甜瓜已注意到花的雌雄，指出甜瓜是在"歧"（支蔓）上结瓜，不在"歧"上开的花都是"浪花"，终究不结瓜。所谓"浪花"，意思就是不结瓜的雄花。

（2）对植物种类的鉴别。古人对某些相似的植物往往混淆不清，把两种当作同一种，一说百和，迷迷糊糊千百年没人澄清。贾思勰通过细心观察比较，抓住不同点，第一个给予辨证，指出二者的形态、性状不同，并非一物，不能等同，在植物分类上有独到的见解。

古人对于芜菁和菘、萝卜有混淆，例如《尔雅》的注解家把芜菁当作菘菜。按：菘菜是白菜类蔬菜，芜菁是根菜类蔬菜，二者不同，但叶、花（黄色）有些相似，或者又由于栽培环境和管理不善，芜菁肉质根不长大，颇像菘菜，也许因此容易混二为一吧。《要术》指出菘菜像芜菁，但不是芜菁，不能混淆。古人又把萝卜当作芜菁，西汉扬雄《方言》说："芜菁，紫花者谓之芦菔。""芦菔"即萝卜。按：芜菁花黄色，没有紫花的，紫花的是萝卜，不是芜菁。晋代郭义恭《广志》也说："芜菁，有紫花者，白花者。"实际也把萝卜当芜菁，因为萝卜才有紫花、白花的。《要术》予以辩证，指出萝卜根（肉质根）粗大，可以生吃，可芜菁不能生吃，俗话说："生吃芜菁，没有人情"，所以萝卜自是萝卜，"非芜菁也"。

大麦有皮大麦和裸大麦之分。皮大麦就是通常所称的大麦，裸大麦是裸粒的，即内外颖与果皮分离的，是大麦的一个变种，又叫穬麦、元麦，青海、西藏等地又叫青稞。南朝梁代的陶弘景分指相同的裸大麦和穬麦为二种，即他所称的"大麦"是裸大麦，而所指"穬麦"却是皮大麦，和现在相反，该是他那时所见如此。但贾思勰的说法，由于世俗上将二者混而为一，指出其谬误："大、穬二麦，种别名异，而世人以为一物，谬矣。"

梅和杏不容易分辨，古人往往混为一物（现在也常有人混淆），贾思勰就形态、性状等方面予以辨别，指出二者不同。他说：梅花开得早，花是白的（按：一般为白色或淡红色）；杏花开得晚，花是红的；梅的果实小，味酸，核上有细纹；杏的果实大，味甜，核上没有"文采"（按：核面平滑没有斑孔）。又，梅是酸的，古人利用其酸味作调味品，《要术》说："白梅任调食及齑，杏则不任用此。"所以，梅和杏的形态、性状及用途完全不同，而"世人或不能辨，言梅杏为一物，失之远矣"。贾氏的辨别是正确的，尤其杏核核面平滑没有斑孔，是杏核的特征，也给贾氏抓住了。

古人多认为棠就是杜，如《尔雅》本文、郭璞注、《诗经》毛氏传、佚名《诗义疏》等都这样说。贾思勰从二者的叶能否染色予以鉴别，他指出，棠叶可以染红色或紫色，杜叶则完全不能，所以二者各别，而“《尔雅》、毛、郭以为同，未详也”。按：棠叶中含有多种花青素类和多元酚类色素，可以染红色或紫色，而杜叶没有，所以不能染色。

楸和梓，古人也认为是同一种植物，如《说文》：“楸，梓也”，又说：“梓，楸也”，二者互训。《诗义疏》以楸之有子者为梓，实际也认为二者同物。按：楸和梓是紫葳科同属异种的树，都结长荚果，没有结子不结子之分。贾氏辨明二者相类，并非一种，完全正确。

从以上几例使我们感到，作为郡太守的贾思勰，平时不耽于安乐，孜孜于格物求知，抓住植物形态、生理、性状等方面的特点，对千百年来混二为一的类似植物，通过细心观察分析，第一个予以鉴别辨正，确实了不起。

（二）对遗传变异的认识

《要术》中有很多事项反映着生物的遗传性和变异性，并且有朴素的唯物辩证法思想。

1. 关于遗传性

《要术》中关于选留植物种子、繁殖材料，选留种畜、种禽，乃至人工杂交，以及作物成熟早晚、抗逆性、适应性、寿命长短等等方面，都涉及到生物体的遗传性和变异性问题。贾思勰当然没有“遗传性”的术语，但他一定对亲代相传的关系深信不疑，才能多方面尽心于良种选育的努力，对谷类、瓜类还“岁岁”不厌其烦地进行选育，很有一种选育优良新品种的不懈精神。

贾思勰把这种亲代相传的关系，用“性”或“天性”来表达，就是说，“性”里面有一种东西会传给后代。这种朴素的认识，显然关系到遗传性。指出生物的“性”是多种多样的，有利有不利，例如，谷子“质性有强弱”

（指茎秆），“韭性多秽”（叶细长，易长杂草），“根性上跳”（根向上抬高），“葱子性涩”（粘手不滑脱），蜀椒、蜀芥等“性不耐寒”，粱秫“性不零落”，蓼“性易凋零”，“李性耐久”，“黄鲁桑不耐久”（树龄长短），“榆性软，天性多曲”，“枣性坚强”，“桃性早实”，饲养牛马“适其天性”，“羊性怯弱”，“猪性甚便水生之草”，等等，无不关系到遗传性。贾思勰已朴素地认识到遗传性状是会传给后代的，所谓“好种出好苗”，所以才强调选种育种。

2. 关于变异性

贾思勰不但认识到“性”是代代相传的，还进一步认识到“性”是可变的，这就涉及变异性的问题。《要术》指出当时很多的粟品种中，成熟有早晚，茎秆有高矮强弱，产量有多少，品质有好差，同种作物的品种间存在着分化。梨的种子种下去只有十分之二长成梨，其余都变成杜。这是由于异花授粉形成种子的杂种性，所以变异性很大。

人工杂交是改变遗传性、培育新品种的有效途径。《要术》中反映了驴马的有性杂交和梨、柿的无性杂交——嫁接。指出公马母驴所生的驴骡“形容壮大”，明确交代了杂交一代的杂种优势，具有父母双方的优点，就亲本双方来说，是融合了双方的遗传性状而形成新个体，就新个体来说，则是产生了有利变异。梨的嫁接，指出棠梨上接的梨是好的，枣、石榴上接的梨最好，同样具有杂种优势和有利于人们要求的变异。

特别值得指出的是，贾思勰在外地考察研究中发现：河南淇县的大蒜移种到太原等地就退化变成百子蒜，可外州的芜菁引进太原等地却变得很大，太原等地的豌豆越过太行山以东，太行山以东的谷子进入山西壶关、长治一带，都只长茎叶不开花结实。这些异常现象是他亲眼所见，他总结出一条“规律”是“土地之异”的结果。所谓“土地之异”，就是环境条件不同引起的变异。

还有，蜀椒“性不耐寒”，生长在阳光充足地方的椒树，冬天必须用草包裹起来，不裹会冻死；但是从小长在比较阴冷地方的，从幼龄期就得到寒冷环境的锻炼，就不必草裹也能安全越冬。这种现象，贾氏进一步说明是“习以性成”的关系。“习”指环境条件，“性成”就是因为经受了阴冷环境的锻炼而形成具有抗寒能力的特性，也就是产生了跟原来不同的变异。“性”有保守的一面（遗传性不轻易改变的一面），人们正是利用生物性状的相对稳定性进行选种育种；同时，“性”也有可以改变的一面，人们也正是利用生物的变异性，改变生活条件使生物体发生变异，创造人类所需要的新品种。贾思勰在变与不变两方面，都有一定的认识和运用，具有朴素的唯物辨证法思想，不能不说是卓越的科学创见。

第二节　中国科学技术推广之作用

《要术》全书十卷，农产品加工方面占三卷，种类繁多，内容非常丰富，是本书的一大特色。农产品加工包括酿造、果品加工、蔬菜保藏、烹饪、饼饵、面食、糕点、饮浆、煮胶、笔墨制作等等，无不详备。烹饪包括一般荤菜和高级特异菜肴，烧制方法有羹、臛（huò）、蒸、焖、煎、炒、腌、糟、腊味等，多至150余种，是我国现存最早的“中国菜谱”。限于篇幅，不能对所有的加工产品全都加以阐述，这里只就有关微生物学、生物化学的事项，即酿造等方面作简要的析述，以探究其看不见的生命活动作用于人类的功劳。

研究《要术》的人，一般重在前六卷的作物栽培和动物饲养，对后三卷的副业生产往往视作“强弩之末”，不太注意。其实副业生产同样是《要术》的重要组成部分，其中大量的有关微生物的利用的内容，更是精华所在，应该表彰出来。

一、关于微生物的利用

生物的三大类别，动物、植物和微生物，前二类是看得见摸得着的，只有微生物是看不见的，《要术》中三类都有丰富的记述，不同的是前二类是有形有物的，要栽培，要饲养，后一类是无影无踪的，在暗暗地工作着。因此，口之所服，鼻之所嗅，鲜美芬香的食品，不仅是动植物所生产的，也是微生物通过酶的作用所提供的，同样造福于人类，只是“默默无闻”而已。着重《要术》动植物栽培饲养的研究是顺理成章的，但忽略了微生物的利用将会感到不足，难免隐没了它有关微生物方面的科学成就。

酶，是生物体（包括微生物）产生的具有催化能力的蛋白质。酶的催化作用具有高度专一性，即一定的酶只能引起一定的变化，如淀粉酶糖化淀粉，蛋白酶水解蛋白质，酒化酶作用于糖产生酒精等。

《四月民令》有“酒溲饼”，《南齐书》有“起面饼”（馒头），都是发过酵的面食。面粉发酵需要发酵接种剂，即酵子，《要术》引《食经》有“作饼酵法”，就是作发面酵子的方法。发酵的现象古人很早就从生活中接触到，但“酵”字的出现似乎颇晚。同样，利用微生物提供的酶进行酿酒等生产活动，在我国也是很早的。但知道微生物的作用才是近现代的事情。所以，《要术》当然不可能知道酿造工艺和微生物的关系，但在酿造过程中，对于酿造材料的选择、发酵环境的好坏、发酵温度、湿度、水质以及损伤管理等可能给酿造成品带来怎样的影响，可以从长期的生产实践中认识到的。这些认识必须是有利于微生物的生长活动的，并且通过不断的总结，可以摸索出一系列的成功经验应用在生产上。这些成功经验就是科学知识，它丰富地反映在《要术》中，是《要术》的杰出的科学成就。

（一）酒化酶的作用

《要术》中的酿造工艺有酒、醋、酱、豉、菹等项，记述都详尽而多样，尤其酒更为繁复详备。酿酒的最终目的是利用酵母菌产生的酒化酶起酒精发酵作用而制成有一定酒精含量的酒（《要术》都是黄酒，没有蒸馏白酒）。这必须事先培养微生物制成酒曲，作为发酵剂。《要术》本文有九种酒曲，其中五种“神曲”酿酒效率很高，说明培养菌种的技术达到高度水平。

我国酒曲是用淀粉质原料制成的，采取的是固体培养制曲法，具有独特的保存微生物的效能。把它存放在阴凉干燥的地方，经过二三年，其糖化力和酒化力很少减弱，因此仍可用作种曲进行扩大培养，从而使菌种能够长远保存下来。《要术》的一种神曲说，“此曲得三年停，陈者弥好”，正具有这种特性。这是我国人民几千年前的伟大发明。在欧洲，直到 17 世纪末意大利的赖地（Radi）才提出微生物自然发酵之说，19 世纪末法国的卡尔美脱（Calmette）才创立阿米露法制造酒精，其所用霉菌是从我国的酒药中取得的。

酿酒是一种复杂的酶化学变化过程。果实中所含的糖分，经酵母菌的作用，能直接发酵生成酒精。但作为酿酒原料的谷物，含有大量的淀粉，淀粉却不能直接被酵母菌利用产生酒精，淀粉必须由曲中所含的淀粉酶先糖化，才能被酵母菌利用引起酒精发酵，产生酒精。所以，黄酒是由许多混杂培养的霉菌、酵母菌等的共同作用酿成的，催化“底物”的酶由酒曲中的微生物提供，其发酵方式为复式发酵，就是一面由根霉、毛霉等进行糖化，一面由酵母菌进行酒化，两方面同时交替进行。

但是，糖化、酒化同时进行存在着矛盾，主要是温度和代谢产物的矛盾，就是淀粉酶所适宜的高温，对酵母菌却不适宜，而且在高温环境下糖分积累过快过高，对酵母菌的活动很不利，同时一般有害杂菌的适生温度高于酵母菌，高温正给杂菌入侵可乘之机，旺盛繁殖，必然使酒酸败变质。那怎么办？聪明的古代人民摸索出一条规律，就是把温度控制在淀粉酶和酵母菌都有利的条件下同时进行催化作用，也就是说，把温度适当降低，给酒化创造最适温度。原来温度降低了，虽然不是淀粉酶的最适温度，但并不影响它糖化的继续进行，只是时间较慢而已。酿酒正要糖化不宜过快，这样正好，糖分缓慢地水解产生，逐渐提供酵母菌酒化，糖分边产生，边酒化，交递着进行，糖化完了，酒也快成熟了，以后是后熟和酯化反应的问题。这一套黄酒酿造工艺流程，是我国特有的发明创造，世界上没有先例。

酿酒温度，低温容易掌握，要增温也比较容易，但高温要降温却很难。为什么历史上酿造黄酒都在天气寒凉季节，许多名酒夏季都停酿，就是因为在手工业操作条件下，气温过高影响酒醪品温增高，不容易控制降温，致使酒质败坏。在酶化学上就是高温给淀粉酶和杂菌创造了有利条件，活性大增，糖分积累过多，酵母菌来不及酒化（甚或酵母菌本身因高温而钝化），却被杂菌侵入繁殖，以其恶劣的代谢产物贻害酒内，因而坏酒。《要术》的酿酒时间，大都在春秋冬三季，尤其在已脱离秋热但又不太冷的“桑落时”为最好，就是这个道理。

《要术》酿酒除注意季节外，为了使淀粉酶和酒化酶在同一温度下顺利进行催化，对温度的掌握更为精心周密，强调“冷暖之法，要在精细”。

正是由于在寒冷季节酿造，主要问题在增温而不是降温，具体措施看气温高低以定增高程度，例如，在瓮口盖一层布或二层布，或布上再加毡，或加草苫，或泥封瓮口，或瓮外加稿草围裹起来，或厚或薄，或下酿前蒸瓮使热，或温饭下酿，巧妙的还有将瓶子灌满开水沉入酒醪中，促使发酵（此法现在仍有采用），等等，千方百计想法增温，细致地掌握增温分寸。至于较暖季节的抑温方法，如果采用事后增加搅拌酒醪次数来降温不是好办法，《要术》采用冷水浸曲、冷饭下酿来预防酒醪升温，所谓“冬欲温暖，春欲清凉”，十分正确（现在绍兴酒有时采用坛中灌满冷水吊在酒缸中来降温）。

上面的增温降温方法是治标的，“釜底抽薪”的办法是在投饭上打主意，就是不是一次全部投光，而且采用“递加法”，分几次先后落缸。这样，一次的饭量有限，可以防止糖的浓度过高，影响酒精发酵的正常进行。《要术》酿酒几乎全是采用分次投饭法，前次饭消化了，再投下一次，投饭前多后少，次数有多至十次的。这样，糖化、酒化作用在相对恒温的状况下进行，就争得主动权，易于掌握酒精发酵，避免败酒的危险，而酒化酶也被利用来发挥正常的作用。

此外，曲质、水质、酸度、酸浆、药物等，都关系到微生物的作用影响到成品酒的色、香、味，《要术》中有许多善于利用的科学记载，这里就不多谈了。

（二）醋酸细菌的利用

醋，没有醋酸细菌的参与是酿不成的。

酿醋原料主要经过如下的发酵过程产生醋酸：淀粉被淀粉酶作用，分解成葡萄糖；葡萄糖再被酒化酶作用，分解成酒精和二氧化碳；酒精又被氧化酶作用，第一步生成乙醛，第二步生成乙酸，就是醋酸。醋酸是食醋的主要成分，于是醋就酿成了。一般的醋，含有 3% ～ 5% 的醋酸，最浓的也不过 6% ～ 8%，再多醋酸菌本身就活不成了。

醋虽然是经过复杂的生化变化酿成的，但所以成醋是醋酸菌的催化作用，就是说，淀粉转化成酒精后，必须有醋酸菌的参与，接过来进行醋酸发酵的工程，才能把酒精转化为醋。原来好气性的醋酸菌能分泌一种特殊的酶，即氧化酶，能促使酒精跟空气里的氧起氧化作用而生成醋酸。所以说，醋的“工序”是由醋酸菌提供的氧化酶最后完成的。酒要防止变酸，不能让酒精醋化，醋却要利用酒精进一步变成醋，这中间一止一进、一交一接之间的“奥妙”关系，使分化为两种酿造工艺，酿成两种不同产品，在我国是很早就产生和发展着的。古人对于微生物的利用，在不知不觉中表现出高超的智慧和技艺。

《要术》中的醋有 22 种之多（包括引《食经》）。所用原料有粟米、秫米、黍米、大麦、小麦、面粉、大豆、小豆、稻米、酒、酒醅、蜂蜜、麸皮、酒糟、粟糠、乌梅等，除当时没有的高粱、玉米、甘薯、马铃薯等外，已是无所不用。所用发酵剂有麦䴸（huàn，一种散粒的麦曲）、黄蒸（一种连麸的面粉作成的麦曲）、笨曲（一种酒曲），此外也用酸浆、成醋作接种剂。

就酿醋原料的种类来说，谷物是淀粉原料，成醋要经过如上所说的淀粉糖化、酒精发酵和醋酸发酵三个阶段；蜂蜜是糖类原料，可以省去糖化过程；酒等是酒精原料，可以省去糖化、酒化两个过程；乌梅是含酸原料，可以直接成醋；谷物的副产品麸皮、粟糠含有淀粉，用来酿醋可以节省粮食。现在酿醋的原料虽有增多，但离不开淀粉、糖、酒三大类，《要术》

中都已用于生产了。

值得注意的是酸酒作醋法，就是酿造中的酒醪，或者已压榨的清酒，由于酿造或陈放不良，变酸不能吃了（《要术》叫作“动酒”），索性因势利导把它酿成醋。低醇度的淡酒敞口放着，不久就会天然氧化变酸，这是因为醋酸菌到处存在于自然界中，淡酒醇度低不能抑制空气中落入的醋酸菌，因而旺盛繁殖产生醋酸。这种现象，人类从开始有酒时就会发现的。《要术》正是利用这一原理，把“动酒”因势利导索性酿成醋。既不浪费粮食，又得新产品，真是够聪明的。

（三）蛋白酶的利用

1. 酱

作酱的特点是利用微生物营水解蛋白质作用，产生氨基酸，因而产生鲜味。“酱”字从肉（繁体字右上角作“夕”），大概最早的酱是利用鱼肉类动物蛋白质做成的，后来才发展到利用植物蛋白质的豆酱。

酱的酿造过程，同样经过生物化学的复杂变化：作酱原料豆、麦中的淀粉，由淀粉酶分解成糖，再由酒化酶把糖分解成酒精；酒精一部分发散在空气中，一部分与酸类化合起酯化反应产生香气，少部分存留在酱醪中；重要的是蛋白酶将豆、麦中的蛋白质徐徐分解，转化为氨基酸类而产生鲜味。糖化、酒化、蛋白质分解以及酸化、酯化等变化，其中最缓慢的变化是蛋白质分解变成氨基酸，所以作酱的时间比较长。《要术》的豆酱在冷天酿制，要一百二三十天才成熟，就是因为最后一道“工序”——蛋白酶的工作拖拉之故（冷天更慢）。

各种起生化反应的作酱微生物，《要术》来自黄蒸和麦曲，也来自空气中和罨（yǎn）黄时用以覆盖的野生植物中。《要术》酿制豆酱全用大豆，不用小麦合酿，但黄蒸、麦曲是小麦制成的。酿造有三个特点合于科学：

（1）豆、曲的比例是3：2稍小些，即豆多麦少，好处是淀粉较少，糖分不致积累过多，影响蛋白质分解速度。旧法制酱，豆麦常是对半配合（最少也是10∶8），有糖分过多延缓蛋白质分解之弊。

（2）黄蒸、麦曲晒使“极干燥”，再捣筛成细末。大豆是蒸熟带湿下酿的，容易被有害细菌侵殖影响酱质，现在麦曲等晒得极干，筛得很细，有利于调节水分，即大豆的过剩水分可被曲末吸收，而干燥曲末不利于曲菌的繁殖，这时吸收适当水分后，曲末一变而为曲菌的良好扩大培养基，同时，麦曲等筛成细末，增大了吸水面和曲菌繁殖面。一举数得，极合科学原理。

（3）酱醅（pēi）加水下酿后，开始时发酵旺盛，《要术》要求每天彻底搅拌酱醪数次，10日后进入后发酵阶段，每天搅拌一次，30日后发酵终了，停止搅拌。酵母菌和细菌在酱醪中不停地营呼吸作用，搅拌能够供给充分的空气，释出二氧化碳，有利于酵母菌和细菌的繁殖，顺利进行糖化、酒精发酵和蛋白质分解作用，加上食盐等配料，复合调和，相互补充，最后成为产生有鲜味和香气的甜美豆酱。搅拌的前紧后松也是科学的。

此外，《要术》中还有多种肉酱、鱼酱，也是利用水解蛋白质来产生鲜味，不过用的是动物蛋白质，跟豆酱不同，作法相似，比较简便，这里从略。

2. 豉

豆豉制法和酒、醋、酱不同，它不加任何曲类接种，单纯用大豆经过繁复的罨黄程序后制成。方法上以干物含有一定的湿度来罨黄，跟制曲相似，目的是利用蛋白酶来分解蛋白质，产生鲜味，则与作酱相似。

由于作豉的大豆是整粒未经粉碎的，煮到八九分熟就进入密闭的罨室中进行罨黄，比罨制麦曲要困难得多，因为麦曲的麦粒经过粉碎，与曲菌的接触面大，大豆颗粒大，又未经粉碎，同菌的接触面只在豆表，搞得不好温度过低发不起来，温度过高会臭烂，就是《要术》所说："失节伤热，臭烂如泥，猪狗亦不食"，就完全报废了。所以掌握好温度是第一关键，必须时时察候，及时翻倒豆堆（里层温度高的倒在外层，外层倒进里层），使受热均匀，酵解正常，长满黄衣，自外透里，发酵彻底均熟，才算初步成功。然后把罨黄了的半成品豆豉搬出罨室，簸去黄衣杂质，盛入瓮中，加水用耙子冲荡干净，再捞出来用清水淋洗极净，目的在于使微生物分解作用停止，然后紧实埋入窖内使营后熟作用，氧化产生黑色，才能制成柔软香美的豆豉（淡豉）。《要术》指出，作豉宁可伤冷，切勿伤热，因为伤冷还可以补救增温，伤热就臭烂了。但变化是复杂的，怎样掌握使蛋白质分解作用在最适温度下顺利进行，最为关键，所以《要术》告诫说："豉法难好易坏，冷暖宜适，难于调酒"，必须细心有经验的人来掌握，不能掉以轻心。

（四）乳酸细菌的利用

菹：菹是腌菜、酸菜的总称。有淡菹、盐菹，有菜菹、肉菹，都是主要利用乳酸细菌营乳发酵作用而产生乳酸的食品。乳酸菌需要有碳水化合物才能生长良好。碳水化合物经过糖酵解，经乳酸菌作用，最终生成乳酸。乳酸产生良好的香气和酸味，同时有防止腐败微生物干扰的防腐作用。蔬菜本身含有碳水化合物（淀粉、糖等），我国人民很早就知道利用乳酸菌作用于蔬菜，生成糖酵解的最终产物——乳酸，使蔬菜产生酸香味，并保藏长时不坏。

《要术》中有多种的菹菜。但淡菹，只靠蔬菜本身的糖和淀粉，常感不足，往往加入淀粉材料如粥清之类，补给糖化剂，也加入麦䴷作发酵剂。咸菹已加盐防腐，有时加入粥清和麦䴷是促使早熟。肉类中加入菹菜合酿，就成为肉菹。

鲊：鲊是用米饭腌制的鱼肉，其原理也是利用淀粉糖化之后，最后经乳酸菌作用产生乳酸，有一种酸香味，并有防腐作用。酿制中单纯用米饭和盐，不加曲类发酵剂，有时加酒促使早熟。

鱼肉鲊和鱼肉酱相似而不同，主要不同处是鱼肉酱加酱曲酿成，需要水解蛋白质产生鲜味，可不要酸味。而鱼肉鲊是加淀粉酿制，利用淀粉发酵辗转生成乳酸，却需要酸味。鲊和肉菹也相似而不同，不同处是肉菹的乳酸主要来自现成的菹菜，而鲊的乳酸是下酿之后由淀粉产生的。鲊和菹菜同样是利用乳酸菌产生酸味并防腐的，但也有不同，菹是素菜，鲊是荤食。所有这些，同样是利用微生物的水解产生对人无害可供食用的化合物，而“差之毫厘”，变化多样，发明多种各有风味的菜肴，丰富了菜谱品种。《要术》集中地把它们记录下来，展示了先民的智慧结晶，也是《要术》的科学成就。

（五）淀粉酶的利用

饴糖，是利用淀粉酶糖化淀粉制成的。淀粉酶由麦芽提供，不同于酿酒制醋等。原来谷物种子中本来存在着淀粉酶，未发芽时以不活泼的原酶状态存在于种子细胞中，由于水和氧的作用而发芽，原存的酶活化，并生成新的酶，原是供给幼芽生长发育养料的。我国古代人民很早发现这一现象，却利用来创造了制麦芽的方法，这人工麦芽叫作“蘖”。又抓住这一酶化学的变化，用蘖来酿造甜米酒和饴糖。后来由于发明了酒曲，蘖就只用在制饴糖中了。

饴糖是用谷物淀粉制成的，其原理就是利用麦芽的淀粉酶来糖化淀粉，加水调成糖化液汁，再滤去米渣，然后煎熬浓缩而成。比较强厚的古时叫“饧”，较薄的叫“饴”，更稀薄的《要术》叫作“醴”，硬块的叫作“脆饧”。

各种酶的催化作用不同，存在于各个阶段和产生着各种不同的产品，如上所说，有糖化、酒化、蛋白质分解、酸化、酯化等变化，《要术》全都利用在生产上了。麦芽糖化淀粉，止于糖化（不能酿成酒）；在淀粉材料中加入酒曲，使糖化后再营酒化，止于酒化而制成酒，可不要酸味；在酒化液中利用醋酸菌进一步使酸化而制成醋，却要它酸；另由乳酸菌作用，最后由糖变成乳酸，产生特有的酸香味，制成菹、鲊；另由蛋白酶分解蛋白质含量高的大豆蛋白质，制成酱和豉；酸类与乙醇（酒精）化合起酯化反应，产生香气，酒有酒香，醋有醋香，酱有酱香，豉有豉香。生化变化的微妙自不必说，值得大书特书的是我国劳动人民的发明创造诚有“巧夺天工”的伟绩，而《要术》是这些伟绩的最早的集中体现者。

二、煮胶与笔墨制作

（一）煮胶技术

煮胶的皮：沙牛皮、水牛皮、猪皮最好，驴皮、马皮、骆驼皮、骡皮次之。破皮鞋帮、鞋底等等，只要是生皮，不管年代多久，凡是不腐烂的，都可以用来煮胶。真正变废为宝。

煮胶时间：要在二、三月或九、十月。其他月份不行的原因是天热胶不凝固，天太冷，胶冻坏冻裂，没有粘性。

煮胶的方法、胶优劣的分辨及晾晒注意事项，《要术》均有详尽的介绍，便于学习推广。

（二）笔墨制作

1. 制笔方法

先用铁梳梳理兔毫和青羊毛，去掉污秽乱毛，不让它蜷曲杂乱。茹治完了，两种毛各自分开。都用梳把用力将毫锋拍齐，再将下端截齐，分别作成扁扁的薄排，须要极均匀平整。用兔毫裹覆在青羊毛的外面——让青羊毛缩进兔毫锋下二分左右。然后一起卷拢来，要卷得极圆。卷好了，使劲地颉扎得极紧实。“将整治好的青羊毛的上段截取下来，用来裹覆在笔心的外面——这笔心名叫‘笔柱’，又叫‘墨池’、‘承墨’。再用青兔毫裹在青羊毛的外面，像作笔柱的方法，使中心整齐，也要使它平贴均匀。然后尽力颉扎到极坚实，紧紧地装进笔管中，宁可随着毛的长度装进更深些。笔心宁可小些，不宜大。”这制笔的要领十分详尽。

2. 制墨方法

用纯净的好烟子，捣好后用细绢筛筛过——要在缸里面筛，筛去草屑和细沙、尘土。这东西很轻很微细，不能敞露在外面筛，容易飘飞散失，不可不谨慎。一斤作墨的烟粉末，用五两好胶，浸在梣（chén）皮汁中——梣皮就是江南樊鸡木的皮，这树皮浸出的水呈现绿色，容易使胶溶解，又使墨的颜色更好。可以再加入五个鸡蛋的蛋白，又用一两真朱砂，一两麝香，分别捣细，筛得细末，加在里面。这些都一起均匀地溲和在烟末梣皮汁里面，宁可溲得刚硬些，不宜潮软。然后下入铁臼中，捣上三万杵，杵数越多越好。配制墨的时令不可过了二、九月，因天气暖会败坏发臭，冷了粘腻难以干，见风就会碎裂。每锭重量不得超过二、三两。墨锭宁可小些，不要过大。制墨的重要诀法十分具体。

《要术》对于食品加工、日用品生产加工等等都有介绍，不一一阐述。

第三节 与世界农业的比较研究

迈出国疆，走向世界，对祖国农业遗产与世界农业的比较研究，具有十分重要的意义。这不仅仅是爱国主义思想问题，也使我们开阔眼界，不陷于“坐井观天”，更清醒地认识到《要术》的农学水平，从而对它做出恰如其分的评价。

一、《要术》时代和欧洲中世纪时代的农业和农学著作

（一）欧洲农业的粗放经营和中国农业的精耕细作

《要术》时代的“世界”是与欧洲对比，《要术》时期相当于欧洲中世纪的初期。

欧洲中世纪，指欧洲封建制时代。现在一般以公元 476 年西罗马帝国灭亡到 1640 年英国资产阶级革命爆发为欧洲中世纪时期。

欧洲中世纪的农业是停滞落后的，耕作制度保守死板，耕作粗放，产量很低。

1. 欧洲“二圃制”“三圃制”农业呆板、粗放和低产

欧洲中世纪农业，在封建领主统治下以采地为农业生产单位，长期施行一种所谓“二圃制”和“三圃制”的耕作制，耕作经营非常机械粗放。

二圃制，把耕地分为二区，每年耕种一区，种植春季或冬季作物，另一区休闲，两区逐年轮换。三圃制是把耕地分作三区，每年一区种春季作物，一区种冬季作物，一区休闲，三区逐年轮换。这样，所有耕地二圃制种一年休闲一年，三圃制种二年休闲一年，千百年如此不变。春季作物是

大麦、燕麦或豆类等，通常四月耕地下种；冬季作物是小麦或黑麦，一般九月耕地下种。一采地内除耕地外，另有面积较小的割草地、牧地和荒地。土地的分区利用和作物种类也常常是长期固定不变的，非常机械呆板。到时机成熟时，二圃制逐渐发展为三圃制。但有的国家和地区，两种制度常常同时并存。三圃制在 8 世纪开始盛行，一直延续到中世纪末期，有的地区延续到 19 世纪。而从三圃制摆脱出来，是和利用中国犁有关系。

这种二圃或三圃的分区耕作制有很多缺点，主要如：

（1）由于土地肥瘠不同，因此领主把区内田块分得很细碎，以便把肥瘠不同的土地分别搭配给各农户（主要是农奴）。因此，农户的田在各区都有，分得很散，上地劳动要这边那边跑很远的路，劳动效率低。

（2）耕种和休闲的地每年轮换，农户就是细碎的田地也不能固定，农奴只知道消耗自然地力，根本不知道也不愿意改良土壤，而且领主和管理人怕农奴闹事，只准农奴一切“率由旧章”，根本不让他们有创新的余地。

（3）由于牧草不足，习惯上把家畜放到秋后的地里去啃残茬根蘖，贪图方便，长期如此不变，因此阻碍根类作物的栽培。根类作物是家畜越冬的很好饲料，如果种在大田里，可以帮助构成一种更有效的轮栽方式，但那时在凝固的作物种类中是插不进去的，因此饲料很缺乏。

（4）由于饲料缺乏，家畜的数量一直很少，因此畜粪也很少，而且大部分放牧时拉在牧草地里；根本不知道用别的肥料，更不懂得什么叫开辟肥源。肥料极度不足，除耕地时翻进残茬杂草，几乎不施肥，实际在拼命劫夺自然肥力。

（5）尤其严重的缺点是：作物机械呆板，土地利用率极低。种的只有大小麦、燕麦之类，所有种植都是一年一熟的，没有多熟种植。如果要种新作物，也只是跟老作物分开来种，使老作物让位，根本没有轮作复种和间作套种，而且新作物也往往被排斥不采种，表现为非常顽固保守。

（6）休闲制是从古老的抛荒制发展而来，但没有跟上其他措施是达不到抛荒让它自己恢复地力的效果的，因为休闲一年的时间太短，地力很难恢复。它没有采用精熟整地、轮作复种、增施肥料等一整套的土地用养结合措施，要保持和提高土壤肥力是不可能的。换句话说，二圃制或三圃制单纯依靠休闲一年企图保持地力，实际适得其反，回报你的只能是肥美土地的逐渐被耗损。西方学者得出的所谓“土壤肥力递减律”，该是和中世纪的土地利用制度有渊源的。

因此，欧洲中世纪的农业产量是很低的。公元前的意大利，一般只有种下去种子的四倍的收获量，少数地方多些，也只有 8 至 10 倍的产量。到中世纪的英国，每英亩的小麦产量也只有 6 至 8 英斛，而且在实行三圃制的几百年中没有什么改变。折合我国今制，1 英亩 =6.07 市亩，1 英斛 =3.637 市斗。这就是说，在中世纪英国，小麦产量虽然比早期的意大利有了增加，还是长期停滞在折合我国今制每亩只收 3.6—4.8 斗的低水平。

2. 中国农业的精耕细作和高产

现在再来和《要术》比较。由于政治、经济、社会、宗教等历史条件的不同，中国农业与欧洲农业的经营方式是截然不同的，各自在不同的农业历程中发展。我国自春秋战国以来逐步发展形成的精耕细作的优良传统，在欧洲从未出现，甚至被认为是不可理解的。精耕细作到《要术》时已发展到成熟阶段。《要术》所反映的农业经营方式完全不同于欧洲中世纪的农业，几乎完全反其道而行之，所以它不存在上面所说的那六种缺点，土地利用率和单位面积产量远远高过欧洲中世纪农业。

精耕细作包含精熟整地，抗旱保墒，加强中耕管理，多熟种植提高复种指数，集约经营提高单产，多种经营以尽地力，配合轮作复种制增施有机肥以改良土壤，保持和提高地力，加强水分管理使作物顺利生长等一系列措施，密切配合，综合运用，构成因时因地因物制宜，用地养地结合的完整体系（精耕细作不能简单地理解为土壤耕作）。这些在《要术》中全部清清楚楚地详细记录着。《要术》是精耕细作优良传统的集中体现，通过《要术》可以窥见精耕细作的精髓。可是这一系列精耕细作措施，在欧洲中世纪农业经营中是见不到的，它走的是简单呆板的粗放经营的另一条道路。

农业的粗放经营，我国有句古话叫作“鲁莽灭裂”，就是耕作和中耕管理都极草率马虎的意思，结果粮食必然严重减产。精耕细作集约经营就大不相同，它必然大幅度增产。这是古今不易的真理。现在有必要比比我国古代的单位面积产量。公元前 3 世纪（远在罗马帝国以前），我国关中地区郑国渠建成后，粮食产量是“亩收一钟”。1 钟 =6.4 石，秦 1 石约合今 2 市斗，秦 1 亩约合今 0.69 市亩，这样，折合今制是每亩产量为 1.86 石，高过千百年后英国三圃制的亩产四五倍。如果跟公元前 3 世纪同时期的古欧洲相比，古欧洲那时还停留在自然农业时期，即抛荒时期，只是尽量耗竭地力，耗尽了抛弃另找新地，简直无法相比。

或者说，关中地区的高产是郑国渠水利效益的赐予，不能代表一般的亩产量。那么现在就来看看《要术》中出现的亩产。《要术》记载以豆科作物为绿肥时，谷子产量是“亩收十石”。或者又说，这是绿肥的关系，也不能代表一般。那也好，绿肥的增产不会高到一倍，我们就打个对折以五石计算吧。后魏 1 亩约合今 1.016 市亩，1 石约合今 4 市斗，

1.016×4×5=20.3 市斗 =2.03 市石，则谷子亩产是二石左右。这比中世纪英国的小麦亩产仍高出四至五倍以上，简直是奇迹。但这也没有什么“神秘”或“不可思议”，明摆着是我国特有的精耕细作的功绩。

（二）《要术》等农学著作填补了欧洲中世纪农书的空白

1. 关于农书

在欧洲，中世纪前的古罗马时代有几种农书。公元前 2 世纪，卡图著有农书，极简略，写作差，编次也没有程序。公元前 1 世纪，发禄著农书三篇，文字、编制和内容比卡图的书好。到公元 1 世纪，科路美拉著农书十二篇，虽然篇幅比发禄的书大，但价值要低些。科路美拉之后也有一些农书，却是抄袭前人材料编辑而成，没有多大价值。

在我国，公元前 2 世纪大概有《董安国十六篇》《尹都尉十四篇》《赵氏五篇》等农书；公元前 1 世纪有高水平的农学名著《氾胜之十八篇》及《蔡葵一篇》《陶朱公养鱼经》等农书；1 世纪有崔寔《四民月令》等书。此外，我国许多种植、养蚕、养鱼鳖、马经、牛经、养羊、养猪等书，大概产生在两汉时期的不少。两汉时期综合性和专业性农书，无论数量和篇幅都大大超过同时期的古罗马时代。

公元前 2 世纪到公元开始，在古罗马，农业尚处于奴隶垦殖制时期。生活在这时期的卡图、发禄都是中、小农场主式的奴隶主。社会性质既与我国不同，农书的作用也有差别。奴隶主农书以经营管理为主，而我国农书以技术指导为主，涉及各个方面，重在精耕细作、多种经营，所以奴隶主农书没有精耕细作的内容。

奴隶是被迫劳动的，生命没有保障，不可能为奴隶主积极劳动。这里有个有趣的故事，很可说明这个问题。一个被释放获得自由的奴隶，他栽培的作物产量很高，而邻人的作物很坏，因此被人控告，说他用魔术把别人的作物产量摄了去。在审问那天，他把强壮的帮手、坚实的农具和壮健的牛等带到法庭，说："这些就是我的魔术的装备。"许多告他的人只好惭愧地把他放走了。所以，奴隶主农书不得不以怎样管好农场和农场劳动者为要务，而生产技术是很次要的。那时农具粗劣，耕作粗放，上面说的公元前意大利的农产量只有种子的几倍，就在这个奴隶垦殖制时期。

中世纪以前，古欧洲还出过一些农书，可到了中世纪，农书却濒于绝迹了。中世纪是欧洲农业的黯淡衰落时期，反而不如奴隶垦殖制以后的罗马时代。中世纪农业在在封建领主控制之下，是那样地满足于因循守旧，不思改进，旧框子框得紧紧的，还有谁来写农书？虽然有些农业文献，主要是大量存留的采地的公文、管理人员的报告，以及收支账目等，根本不是农书。

可是在中国，当欧洲中世纪时期（5世纪到17世纪），农书却大量涌现，多至300余种，形成鲜明的对比。举其要者，当中世纪前期，如贾思勰《齐民要术》、戴凯之《竹谱》、陆龟蒙《耒耜经》、韩鄂《四时纂要》等；当中世纪中期，如秦少游《蚕书》、陈旉《农书》、韩彦直《橘录》、陈景沂《全芳备祖》、《士农必用》、《务本新书》、元代司农司《农桑辑要》等；当中世纪后期，如王祯《农书》、朱橚《救荒本草》、马一龙《农说》、俞本元等《元亨疗马集》、徐光启《农政全书》等，都各有特点，具有相当高的农学水平。

《要术》是中国全面性农书的典型，内容广泛，记述详尽，技术指导精辟，不但是我国的农学名著，对后代影响很深远，也是世界上的不朽农学巨著，为东西方各国学者所推崇。中世纪开始于5世纪，《要术》6世纪出书。“中世纪”现在习惯用于欧洲，其实中世纪是“中古”的意思，如果打破国界，《要术》一书实开世界中古农书的先河。而欧洲中世纪的农书是如此的默默绝音，不比不知道，一比更加显得《要术》是世界中古农书的千秋绝唱。《要术》及其他大量的中国农书，大幅度地填补了中世纪农书的空白，大大充实了世界农学史中这个长期空虚着的农学宝库。

2. 关于植物学著作

不仅一般农书，欧洲中世纪关于植物学的著作同样贫乏，《要术》最早最丰富地填补了这个空白。

原来，欧洲在公元前也有较好的植物学文献，但自公元 2 世纪直到 16 世纪，植物学著作和农书一样也变得贫乏，前后长达 14 个世纪之久。但在中国，6 世纪的《要术》集中引录了大量的植物学文献（在卷十），包括草本、木本、藤本，植物多达 200 种左右，蔚为大观，是我国最早最丰富的“南方植物志”（旧题晋代嵇含的《南方草木状》是伪书）。时代上起 1 世纪，下达 6 世纪《要术》成书以前。所录著作有《异物志》类、《南方草物状》类及《广州记》等地记类 20 多种（杂记类书和草木注疏类书不算在内）。记述内容涉及植物类别、形态、性状、生长规律、植物生态，以及产地、加工利用等方面，在古典植物学中达到了前所未有的科学水平。《要术》之后至中世纪末，主要有嵇含《南方草木状》、陈景沂《全芳备祖》、朱橚《救荒本草》、王象晋《群芳谱》等“植物志”和“花卉志”，在古典植物学著作中各放异彩。

欧洲自 2 世纪到 16 世纪不见植物学著作，可在东方的中国在这期间却有异常丰富多样的植物学著述。这些著述填补了世界古典植物学的空白，给世界文化宝库充实了可贵的库容。

通过同外国对比，使我们进一步了解了《要术》在世界农学史上的学术地位，使我们更珍视这份文化遗产，更增加我们爱国主义思想和热爱祖国。

二、现代农业危机与中国传统农业

西欧在 16 世纪开始进入资本主义社会，经过 17、18 世纪的资产阶级革命，中世纪封建农业过渡到资本主义农业，农业逐步发展兴盛起来。可是在我国却相反，我国中古时代走在欧洲中世纪前头的进步农业，到近代沦为半殖民地半封建国家，农业却日趋衰落。但是，农业技术即精耕细作的优良传统并不因现代科学技术的进步而韬光隐晦，相反，仍具有旺盛的生命活力，焕发炽烈的光芒。

对此，国人或者“司空见惯”，不以为意；或者“月亮也是外国的圆”，妄自菲薄。可是，西方农业经过“无机农业”的挫折之后，国外学者对此非常重视，对中国精耕细作的优良传统给予高度评价。

（一）外国学者的一片赞扬声

中国精耕细作的水平不断提高，深为近现代外国学者所推崇。

近代农业化学的创始人，德国著名科学家李比希（1803—1873）曾以“无与伦比的农业耕作方法”称颂中国精耕细作的优良传统。

美国著名经济史学者、明尼苏达大学教授格拉斯，在谈过欧洲中世纪农业之后，就中国农业作比较说：“中国供给农业历史家一种极有意义的情况。……他们在气候适宜的地方，每年种两季或三季作物；他们采用大规模的灌溉和排水法；他们把凡是可以得到的动植物与人类所产的肥料，都放到土壤里去；他们把两种或两种以上的作物，同时种在一起（按：指间作套种）；他们把田地实实在在的种满；……那是聪明的集约耕种制度，使这个国家不致枯竭。”格拉斯所说正是中国精耕细作集约经营的主要内容，他十分清楚这和欧洲中世纪农业的粗放经营截然不同，中国是遥遥领先的。

美国现代育种学家、诺贝尔和平奖获得者诺尔曼·布洛格（1914—2009）对我国的多熟种植做了高度评价，他说：“中国……遍及全国的双作和三作，在发展中国家居于领先地位。”又说：“中国人民……创造了世界上最惊人的农业变革之一。”

日本京都大学教授饭沼二郎在比较西方的休耕农业和东方的中耕农业时指出：“当前休耕农业最发达的代表是美国，而中耕农业最发达的代表是中国。非常明显，实行劳动集约经营，在不增大耕地面积的条件下，通过提高耕地的生产能力，就可以养活更多的人口，这就是中耕农业的最大特点。”休耕农业和中世纪的休闲制有一定渊源，而中耕农业是中国长期以来形成的精耕细作的重要内容之一，没有精耕细作合理的中耕管理作业，谈不上集约经营和提高单产。

从耕犁的比较研究，日本熊代幸雄教授（1911—1979）指出：中国犁有摆动性和曲面犁壁的特征，具有速耕和碎土的性能，这种犁到《要术》时已趋于定型化。中国犁和耧车等18世纪传入欧洲。欧洲中世纪农业从三圃制摆脱出来，归因于利用了中国犁的这种特征。

彻底地消耗土壤肥力，对土地进行掠夺式经营，必致地力耗竭，土地荒芜不毛。这是自然界对人类的严酷惩罚，历史上的事例不胜枚举。马克思（1818—1883）就曾这样举例说明：“我们今天看到有大片地区荒芜不毛，而这些地区先前都是耕种得很好的，例如帕尔密拉，彼特拉，也门废墟以及埃及、波斯和印度斯坦的一些广大省区就是这样。”美国格拉斯也谈到：

“保存地力使永远适于耕种，是一件难事，……拉丁民族的发源地拉丁姆，曾经是小农的耕地，后来是大垦殖地，现在是干燥的荒地。西西里、撒地尼亚和北非洲的迦太基区域，从前曾经是世界著名的谷仓，但是现在怎样了呢？”就是科学技术发达的美国，由于长期施用化肥、农药和机耕作业，致使土壤有机质严重耗失，土壤坚实，地力衰竭，逼得无数过去肥沃的耕地不得不弃耕。局限于西方所见，这些现象就成为西方“土壤肥力递减律”的理论根据。

世界之广还有东方农业的典型代表——中国，她几千年来在同一块土地上耕种，保持地力经久不衰和常使新壮，跟西方的“土壤肥力递减律”针锋相对，创立了“地力常新”的理论，为全世界所瞩目。国外有识之士对这个奇迹般的地力常新给予高度评价。

德国李比希将地力常新提高到关系国家兴衰的高度来认识，他说：“如果对国土肥力……设法加以维持增进，则能使它永存，并获得财富和力量。”他指出：“地球上一个伟大帝国的历史，说明这个民族从不知晓兴衰隆替为何物，从阿伯拉罕进入埃及的时候起，一直到我们所处的时代，在中国，只是由于内战才偶然中断了人口有规律的增殖。但在它广大国土的任何一部分，都没有使土壤肥力衰竭。”

德国农学家瓦格勒（Wagner）着眼于施肥来解答地力不衰这个问题，他说：“在中国人口稠密和千百年来耕种的地带，一直到现在未尝呈现土地疲蔽的现象，这要归功于他们的农民细心施肥这一点。”

德国《世界报》记者朗迪又从生态革命的角度来阐明问题。1980 年 10 月他在《世界报》上发表《中国的生态革命——变废为宝》的文章，指出中国一切动植物废物都可以利用和沤制为肥料，他说：“在中国没有什么东西会被丢掉，一切可以加工改造……在这个无止境的循环中，中国人表现得最精明。中国人根据传统的习惯和义务，推行着实用生态学的原则之一，使一切增殖，使一切再循环。”

无论国外学者从什么角度来理解地力常新的成因和作用，归根到底，仍然是我国集约经营、精耕细作一系列综合因素的功绩。

20 世纪 80 年代召开的一次国际性土壤会议强调指出：“除开保卫和平而外，再没有比保护土壤更为重要的了。”在世界范围内，对保护农业生产的基地——土壤这个生产手段，已被逼到如此急迫的程度，也够发人深思的了。

（二）现代农业危机与中国传统农业

现代欧美发达国家的农业，是以普遍使用机器、大量消耗石油和施用化肥、农药等为特征的现代化农业，许多人称之为“无机农业”或“石油农业”。这种农业，曾经在一定的历史时期内对发展农业生产起过积极作用。但是，世界上任何事物，当它发挥良好作用的同时，已孕育着一定的不利因素，不利因素不断滋长发育。到了今天，“无机农业”已暴露出许多严重的弊端。诸如无休止的机耕作业，使土壤被压实而减产；耕作制度失当，使土地资源遭到严重破坏，土壤有机质严重耗失；单一种植可能引起的灾害和对品种资源的破坏；尽量消耗石油，成本昂贵，而能源有耗竭之时，猛烈地冲击着“石油农业”的基础；大量施用化肥使土壤质地越来越恶化；大量使用化学农药，严重污染了空气、水源、土壤和食物，危害人畜的安全；等等。这些流弊，暴露了现代农业的危机，引起欧美和日本学者的严重关注，举行国际会议和发表文章，呼吁各国政府和农业经营者们提高警惕，并谋求对策。文章很多，不一一例举。

近世以来，我国传统农业的优越性，已引起国外学者的重视和赞扬。到今天，现代“无机农业”和“石油农业”的危机已充分暴露，为摆脱危机，寻求出路，欧美许多学者转而研究中国的传统农业，探索中国农业所以历久不衰的“秘奥”。其实，这没有什么秘奥，关键在有机与无机之异，在“竭泽而渔”与长远养护之差。中国传统农业是“有机农业”，是用养结合农业，它以精熟整地、多熟种植、集约经营、地力常新、循环利用、生态平衡以及多种经营等为特征，这和西方农业的经营方式完全背道而驰。因此，中国农业所固有的，往往是西方农业所抛弃的，眼前利益和长远利益的道路不同，其利弊也自然迥异。近年来，中国传统农业的经营方式，深受国外学者所注目和赞扬，特别是以有限的土地养活最多的人口。而地力长期保持新壮，用之不竭，取之不尽，更使他们叹为观止。究其成因，是长期发展而来，不是一蹴而就的。

如今，残酷的现实向世界农业提出一个严峻的问题；今后经营农业是走掠夺式经营随后弃耕的道路，还是走养护性经营“永葆青春”的道路？换句话说，就是走破坏水土资源、污染环境、耗竭能源的“无机农业”或“石油农业”的道路，还是走物质再循环和资源再利用的“有机农业”或“生态农业”的道路。

外国有卓识的科学家对这个问题的答复是肯定了后者，并且由研究而见诸行动。20世纪80年代，美国农业部发表的《有机农业调查报告》中指出，现代化农业有许多弊端而危机暴露，应该辅导农民向“有机农业”发展。目前，美国已有“有机农场”35000多个，分布在美国西北部、中西部，以及加利福尼亚州等地区。美国政府为了鼓励农民向“有机农业”的方向发展，还制定相应的法律以资鼓励。

除美国外，法国、瑞典、加拿大等国的“有机农业”都有发展的趋势。日本的饭沼二郎教授也发表文章深刻论述日本农业强行照搬美国化的恶果，强调发展农业不能抛弃民族农业的传统特色。

近年国际上新兴的“有机农业”或“生态农业”的主要作法是：采用轮作制，充分利用有机肥料，特别是以豆科作物作绿肥，采用松土铲松土而不用铧式犁深翻土地，采用生物防治法防除害虫而不用化学农药，采用生物养地措施增加土壤有机质，提高土壤肥力等。这些措施，虽然和中国精耕细作的经营方法一致，虽然不是精耕细作的全部，已涉及到主要方面。

（以上内容参考郭文韬、曹隆恭著《中国传统农业与现代农业》，中国农业科技出版社，1986 年版。）

（三）中国传统农业的代表作《齐民要术》

中国的传统农业是在特有的自然条件、政治经济条件和农业技术条件下形成和发展的，所以和西方不同。

中国的传统农业包括精耕细作和多种经营。多种经营除农业的多种生产事项外，还包含林、牧、副、渔的各种生产项目。这是我国特有的经营方式和生产方法。《要术》最早最详尽地记述着这五方面的多种经营。

多种经营方式是在有限的土地上，开展地尽其利，物尽其用，尽量发挥人尽其才的作用，将水、陆资源之间和动、植物资源之间的相互关系调动起来，有机结合起来，利用生物作用在最大限度内使非生物（水、土、空气、阳光）为人类服务，从而形成了良性生态循环系统。从这一意义上说，多种经营不仅仅是增加林牧产品而已，重要的是有利于生态平衡。《要术》继承传统观念发展多种经营，在以农养牧、以牧促农等方面，进一步体现了良性人工生态系统的形成。近年国际上新兴的“生态农业”，正仿效着逐渐施行。

《要术》是中国传统农业最早的代表作，它集中反映了我国精耕细作的精华，主要如：耕、耙、耱配合的精熟整地；精熟整地和精细中耕配合的抗旱保墒措施；强调选种育种和外地引种，改良和丰富品种资源；轮作复种和间作套种，提高土地、生长季节和太阳光热的利用率；反对单一种植，贯彻传统的多种作物配合种植；轮作复种和施用有机肥配合，特别注意利用绿肥及豆科绿肥轮作，以改良土壤和提高土壤肥力；尽量设法收蓄雨雪，使作物度过春旱季节；加强人工浇灌，使作物顺利生长；加强松土除草，防治病虫害，并采用生物防治；以及多种经营，农、林、牧、副、渔备于一家，以丰富生活资源，加强生态循环，减少自然灾害的威胁；等等。

《要术》所记是中国精耕细作的精华，也是东方“有机农业”“生态农业”的精华。欧美农业在热衷“无机农业”或“石油农业”碰壁之后，转而研究中国的传统农业，并且采取行动，改弦易辙，推行“有机农业”，这就必然吸取中国精耕细作的传统农艺。当然，他们未必在形式上采取《要术》所记，但离不开《要术》的经营原理，无论在农业经营还是人工生态改良方面，都不能背离《要术》精神。《要术》是中国传统农业的集中反映，后代的农学著作离不开《要术》的内容，现代农业也绝不可能和农业的历史继承性一刀两断。国外研究《要术》、研究中国传统农业的人很多，那么，欧美新兴的“有机农业”，就精神实质来说，不能不首先受到《要术》“脉冲”的震荡和冲击，不能不首先借鉴于《要术》。从这里，我们可以深切了解现代农业危机和中国传统农业的关系，也可以理解它和中国传统农业的代表作《要术》的关系，可以理解《要术》农学价值的国际意义。

但话也得说回来，迷信外国，对祖国的文化遗产妄自菲薄，当然是不可取的，但对自己的文化遗产不加辨别地“夜郎自大”，也是不科学的。

中国的传统农业是建立在封建社会小农经济的基础上的，有其分散的、费劳力、费时间、劳动生产率不高的落后一面。很多行之有效的技术经验，少有改进和提高，因为它没有上升到科学理论高度。显而易见，传统农业需要现代科学技术来武装，消除其消极落后的一面，改进和发扬其积极合理的一面。继承文化遗产必须采取扬弃的批判的态度。

作为集约经营、精耕细作的中国农业传统，去芜存精，绝不和现代科学相抵触，而且是相辅相成，相得益彰。集约经营、精耕细作的优良传统是经历了历史检验并且反复证明了是正确的路线，今后必须走现代科学技术与精耕细作优良传统相结合的道路，从而绽放中国式的农业现代化的鲜葩。

第四章 《齐民要术》在国内外的学术地位

我国农业从原始农业发展到今天，经历了漫长的岁月，由于特定的自然条件和社会条件，形成了精耕细作和多种经营的优良传统。采取多种方法提高农业生产力，提高单位面积产量，提高土地利用率，这在春秋战国时期已见端倪。

农业是在继承的前提下发展的，农业技术是在积累的基础上创新前进的。我国千百年来建立起来的独具特色的传统农业有着十分丰富的农业遗产。今天搞现代化农业，不能否定民族农业的优良传统，不能照搬西方农业现代化的模式。日本京都大学教授饭沼二郎指出："否定传统农业的现代化，将会导致农业的衰退，只有尊重农业传统搞现代化，才会使农业迅速发展。"中国发展农业，搞农业现代化要继承和发扬中国农业的优良传统，吸取西方农业的进步成分，结合中国的实际情况，走中国自己的发展道路。

《齐民要术》收集采访前代和当代劳动农民创造的劳动技能，运用科学的方法加以总结和提高，达到农业科学技术知识高一级的水平，就是说，《要术》将十分丰富的大众经验融会贯通于观察和实践中，通过分析研究，有组织有系统地写成一部农业科技知识的集成，它的伟大贡献是永远不会因为它是1500年前的东西而磨灭的。无论在过去在今天，无论在国内或国外，都有其深远影响。国内外对它的研究从未间断。

第一节 在古农书中的地位

我国记述农业的专门著作，最早的是《汉书·艺文志》农家类著录的《神农二十篇》《野老十七篇》《尹都尉十四篇》《蔡葵一篇》《氾胜之十八篇》等九种。《神农》是战国时农家者流倡导农业记述农耕事项而托名神农的书；《尹都尉》据刘向《别录》透露，其中有种瓜、芥、葵、蓼、薤、葱等篇，可知主要是讲种蔬菜的；蔡葵是汉宣帝（前73—前49年在位）时巡行郡国的劝农官，大概是一个农业在行的人，那么其书虽然只有一篇，该有可观的内容；氾胜之是汉成帝（前32—前7年在位）时在陕西关中教导农业生产的农官，《氾胜之》从《隋书·经籍志》开始多上一个“书”字，以后通称《氾胜之书》。可惜这九种农业专著都早已失传，大概和自古儒家不重视农业有些关系。现在只有《氾胜之书》由于《要术》的大量征引幸而保存了主要内容。

不是农业的书，其中也有某些篇章专讲农业，如《吕氏春秋》中的《上农》《任地》《辨土》《审时》四篇，《管子》中的《地员》《度地》两篇之类。《上农》讲农业的重要性，以下三篇总论耕作栽培技术，《地员》讨论各种土壤与植物生长的关系，《度地》谈论水利和水利设施，这些篇章都有相当可观的农业理论水平。此外有关农事的还有月令体裁的篇章，例如《夏小正》是最早的农家物候历，原先是《大戴礼记》中的一篇，以后才分开单行；《月令》是《礼记》中的一篇，跟《逸周书》中的《时训解》《吕氏春秋》中的十二月纪、《淮南子》中的《时则训》等同类相似。到东汉桓帝（147—167）时崔寔写的按一年十二个月安排农事活动的《四民月令》，却是单独成书，不附载于他书。《四民月令》也早已失传，主要依靠《要术》和隋代杜台卿的《玉烛宝典》的引录，才保存了它的主要内容。

《要术》以前的农书专著和散见的篇章，主要就是这些。（《诗经》和《周礼》中也有某些有关农业的诗篇和规划事项，但不是专论性的。）

《要术》以后的农书就多了，特别是明清两代专业性农书和地方性农书大量涌现。但是，像《要术》类型的全面性的大部头农书，寥寥可数。大部头全面性农书只有元代的官书《农桑辑要》、王祯的《农书》、明代徐光启的《农政全书》和清代的官书《授时通考》四部。这四部加上《要术》，日本学者称之为中国的“五大农书”，意思是说五部集大成的农书，最有代表性。

必须指出，综合性不等于全面性。《氾胜之书》是综合性农书，它以溲种法和区种法为突出，但综合的内容限于谷物、瓜瓠、桑麻，范围很窄（现在所见虽非原书，但如有果木、饲养等记载，《要术》不会不引录）。《四民月令》也是综合性农书，涉及的范围比较广，而偏重于谷物、蔬菜、副业等，而且是月令式的体裁，记述极简，只讲农事安排，不谈生产技术。上面提到的散见于某些书中的篇章，如《吕氏春秋》中的《上农》等篇，《管子》中的《地员》等篇，都是总论性或专业性的篇章，虽然它们的内容有相当高的科学水平，可是各有所偏，并非多面综合之作，《地员》等篇则是以后专业性农书的滥觞。

《要术》的范围网罗很广，包括大农业的各门类，说它是综合性农书未始不可，更确切地说应是全面性的农书、整体性的农书。所以，《要术》和以前的农业文献比较，在以下几方面就显得很突出：

（一）以前的农业文献无论是专书或者单篇，规模都很狭小，从来没有涉及大农业各门类的，与《要术》相比真是天差地远；就是农书专著如《氾胜之书》也只有3700来字，《四民月令》只有3200多字，相差也太远了。

（二）《要术》有多方面的科学技术成就，如很多观察的精到周密，很多结论的正确合理，某些突出的科学技术"尖子"，某些实践验证的批判性鉴定，等等，非以前任何文献所能企及。历史的车轮是不断向前的，《管子》《吕氏春秋》《氾胜之书》所代表的那一时代的水平，到《要术》时大大提高了，《要术》占着"前无古人"的地位。

（三）以前的文献记述极其简略，文字古奥，又多讹误，没有像《要术》这样详尽细致，系统连贯，而行文浅近易懂，体裁布局更显得独出心裁，令人耳目一新。

（四）《汉书·艺文志》著录的《神农》等九种农业专著全部失传了，《氾胜之书》和《四民月令》也是残书；其他散见的一些篇章是否保持原来面貌，也未可知。只有《要术》是保存至今最早最完整的农书，而且是大部头农书，更显得有划时代的重要性。

《要术》以后的农书大量增加，但与《要术》规模相似的全面性农书，自元至清，只有《农桑辑要》等四种，上面已提到。《农桑辑要》以农桑并重为特色，王祯的《农书》突出农具图谱，《农政全书》强调水利与荒政，《授时通考》重视作物品种，各有其特点。但是，它们的中心内容无不接受《要术》包括农、林、牧、副、渔的成规，以《要术》的规模为规模，并且以《要术》的材料为首要材料，《要术》的创举成为以后农书的楷模，这充分说明《要术》在古代农书中的地位，它的影响极为深远。

不容置疑，《要术》是后魏以前和当时的中国农业科学技术知识的集大成著作，在以后农业发展中，它为后人写农书总结农业发展经验开辟了可以遵循的途径，它是中国农学发展史的里程碑，贾思勰不愧是古代农学继往开来的大功臣。

第二节　近代在国内被广泛整理与研究

《齐民要术》为“齐民”总结的谋生技能面面俱到，从庄稼种植到动物饲养，以至农产品的加工利用，诸如酒、酱、醋、糖、油、盐、豉、乳酪、动物胶，以及菜肴、饼饵，无所不谈，范围极广，而且记述详细明白，很多是前人从来没有说过的新经验、新技术，在那时具有划时代的技术指导作用，所以书一出来就在读书人中间互为传颂和谈论，受到人们的重视，尤其受到从事生产实践的人民群众的欢迎。为什么这样说呢？只要看看《要术》对后世的影响就可以知道其中情况。

一、唐人的推崇仿效和对后世的深远影响

距离《要术》出书不久，就有唐初的太史令李淳风（602—670）写了一本《演齐人要术》，“人”是唐代人避唐太宗李世民的名讳改“民”为“人”的，所以这书实际就是《演〈齐民要术〉》。这书虽然已经失传，顾名思义，实际就是《齐民要术》的“推演”，是在《要术》的基础上加以某些方面的补充阐述。接着，武则天（624—705）命臣下编撰由自己删定的官书《兆人本业》，“兆人”也是“齐民”的意思。这书虽然也已失传，但从有关文献知道它写的是农民四时种植的方法，肯定和《要术》是分不开的。《要术》在出书几十年后就受到唐初中央要员和女皇的如此重视，并以官书的形式来号召和施行，足以说明《要术》有为人民群众行之有效备受欢迎的社会基础，否则，李淳风也绝不会凭借《齐民要术》的声誉来推演自己的观点。

到唐末，韩鄂编写了《四时纂要》，书中就有大量内容采自《要术》，如果把《要术》的资料去掉，几乎不成其为农书。

从唐到清，还有《山居要术》《齐民要书》《齐民四术》《治生要术》等书，尽管内容不尽相同，书名还在套用“齐民要术”。《农桑辑要》等四部全面性的大农书，无不以《要术》的规模为规模，以《要术》的材料为基本材料，其他农书也多有引用《要术》资料。这些也充分说明《要术》对后世影响的深远。

二、人们尊奉《要术》为师和用抄本保质保量

《要术》在唐以前没有刻本，人们全靠手抄流传着。五代末周世宗（954—959）时，窦俨建议把《要术》《四时纂要》《韦氏目录》三书中的有关种植粮食、蔬果和栽桑养蚕的材料选录出来，汇刻成书，颁发各地，可是没有实行。

六七十年后，北宋天圣年间（1023—1031）才有《要术》全书的正式刊印，由皇家藏书馆“崇文院”校勘雕板印行，一般叫作“崇文院刻本”。这是《要术》脱离抄写阶段的最早刻本，也是脱离卷轴型阶段（写在长长的卷子上，平时卷束起来收藏，看时才展开卷子）最早装订成册的本子。

由政府来组织刊印，说明《要术》指导农业生产的实用价值已被朝廷重视，可以广为流传了。可惜，这个崇文院本是官家刻本，政府只发给各地劝农官员作为指导农业生产之用，“非朝廷要人不可得”，颁发之后的多余印本，却与国家法令规章一起秘藏在皇家内库。所以尽管《要术》身价百倍第一次上升到国家发行的地位，显示出它指导生产的优越性，可是

发行量很少很少，一般人不要说绝对得不到，就连看也很难看到。其结果，民间流传绝少，最多只有劝农官的后代保留下来的那有限的本子，还不知道能保全到多久呢。难怪到南宋初年葛祐之叹惜说，“欲求善本寓目而不得”了。

不过书的传播，决定于书的价值。由于《要术》具有丰富优异的实用价值，它的传播绝不会因为没有刻本而受到限制，人们为了得到它多方面指导生产的技术知识，就运用自己的天然工具——脑和手——抄写来解决问题。因此，从崇文院刻本直到南宋初年，民间主要还是依靠手抄得到广泛的流传，特别是在有一定文化的中小地主和市民中间传抄得更多。他们或者是全抄，或者抄自己需要的部分，大家辗转传抄，大家也都尊奉《要术》为师，踏踏实实地仿效应用在农业生产实践之中。《要术》的门类很广，各行各业各取所需，《要术》仍在民间以写本的形式广泛流传着。

《续资治通鉴长编》的作者南宋李焘推崇《要术》是“在农家最峣然（高超）出其类”的。南宋绍兴十四年（1144），张辚“欲使天下之人皆知务农重谷之道”，乃将《要术》刊印行世，自北宋崇文院刻本后经过 110 多年才有这第一次的重刻本，张辚之功不少。以后元、明、清到民国，多有翻刻、影印、石印和排印之本，《要术》传播日益广泛，也更加博得学术界和广大生产者的赞誉。

但是，尽管《要术》的各种版本日渐增多，书也比较容易得到了，可是人们还是在抄，手抄本一直到清代没有绝迹。这又是为了哪桩呢？这有两种情况：

（1）最初是由于刻本少，北宋本不传民间，南宋本印数也少，人们不得不依靠手抄来“探囊取宝”。从今天国内外还有几种两宋抄本流传下来看，过去两宋抄本一定不少。

(2) 其后则由于刻本虽多，但质量越来越差，到明代晚期坏到不能再坏。人们的求实水平提高了，知道坏本会给读者特别是生产者带来严重失误，如遇上一种善本，就如获至宝一样认真抄录，宁愿花劳力抄好的，不屑花冤枉钱去买坏的。

三、《要术》传播的地区自北而南遍及全国

《要术》传播的地区，大概唐以前以北方较多，南宋以后则盛行于南方。南宋初年第一次刊刻的张辚刻本就刊印在安徽龙舒（今舒城县），明代的最早刻本就刊印在湖湘（今湖南长沙地区），从明后期到清代，大量地刊印在江浙地区。

《要术》讲的是北方旱地农业，为什么在江南水乡反而得到大量印行呢？这虽然和北方人随着南宋偏安江南大量南迁有些关系，例如张辚就是山东济南人而在南方做官的，更与藏书家多在江南、刻书业也以江南特别发达有关，但更重要的还是决定于《要术》本身的实用价值。

南北农业的差异，主要由于雨水、气温等条件的不同，但注意和处理好这些差异因素，《要术》中一般原则性的理论无分南北，很多技术措施南北也不可能截然分开，不少还是南北都适用的，很多和气候没有关系的操作经验，当然适用于北方的也适用于南方。此外，还有篇幅很大的加工利用记载，也是南北很少分异的。再者，《要术》中引录了大量的热带亚热带植物资料，不但是第一次载入农书中，而且在全面性农书中也是独一无二的；还有，它征引了大量的农业古籍和古典文献资料，而且这些书很多已经失传，全靠《要术》的引录保存其中的精华，这些极可宝贵的文化遗产更是全国性的，不是南北所能分隔的。

基于上述种种原因，而江南又是文人荟萃之区，印书业又发达，因此江南刊印的《要术》版本和数量就特别多了。农业的地区性是相对的，不是对立的，在很多情况下可以互相启发互相借鉴，因此，《要术》并不因为它是北方农书而不为全国人民所阅读和借鉴。

《要术》自北宋刻本以来，到清末民初已发展到二十多种，这只能说明它的学术价值非同一般，不但受到全国劳动生产者的欢迎，在读书人中也有它的广大读者。

四、近现代广泛深入的研究

《要术》版本以明代后期的《秘册汇函》—《津逮秘书》本为最坏，但它的印数多，独占《要术》书市长达二百年之久，影响极坏。直到清代乾嘉学派崛起，才引起人们重视。嘉庆年间（1796—1820）始有吾点、黄廷鉴等几位学者对该坏本进行认真校勘，纠谬补脱，颇见成效，而以吾点的整理为最精审。1804 年，黄廷鉴校本由张海鹏刊印出书，就是《学津讨原》本，二百年的乌烟瘴气至此才稍有驱散。可惜整理最精的吾点校本没有出版。

到 1896 年，又有由刘寿曾等校勘的《渐西村舍》本出版，也对勘正明代坏本做了努力，遗憾的是在《学津讨原》本后已经历了 92 年，仍然没有超过《学津》本。

不过，无论如何，《学津》本和《渐西》本是勘正明误的仅有刻本，以后只有这两本的重印本和影印本，再没有第三个经过认真整理的旧版本问世了。它们出《要术》于污泥之中的精神是可钦佩的，驱云理乱的功绩也是应该肯定的，虽然还有一定的差距，但事情总是开始时艰难嘛。

进入民国，受西方科学的影响，特别是五四新文化运动使人们觉醒，科学技术知识渐被重视。1922 年商务印书馆影印了《要术》南宋本的明代抄本，给读者提供了唯一完整的善本，于是《要术》开始从校勘而进入研究阶段。民国期间开始出现解说《要术》，对《要术》的作者、版本和引用书目进行考证，以及分析《要术》内容等的文章。这些文章是清代以前从来没有的，不过还在开拓阶段，文章不多。

新中国成立后，祖国农业遗产得到党和国家的高度重视，全国性的农业遗产的专业研究机构首先建立，几家农业高等院校也相继成立了兼职研究机构，整理研究《要术》蔚然成风。由于国内外农史学者的介绍、推荐和发扬其精华，对《要术》感兴趣而学习研究的人日益增多。贾思勰和《要术》被采入中学历史课本（见图二十七，是中学历史课本中一页），作为爱国主义教育题材。也作为历史名人、名著著录于一般性和专业性的辞书中。在大学课本中更不用说，凡讲到作物栽培、动物饲养和历史发展时，几乎没有不讲到《要术》的突出成就的。现在知识分子中不知道《要术》的人很少。《要术》的普及于广大知识分子之中，这和以前是天地之差。

至于整理和研究《要术》，近年可说是盛况空前。整理方面，有全面进行校勘、标点、注释的，也有部分进行校点注解的，一般都运用现代科学知识加以深入浅出的分析和探讨，还有便于一般人阅读将原文加以今译的。经过这样的深入整理，去伪存真，廓清明本的严重脱误，纠补清本的缺憾和不足，恢复《要术》原来面貌，或未必中的，当亦不远。

学术研究方面，更是丰富多彩，著作和论文之多，在古农书中无出其右。大致可分三类：

（1）对贾思勰其人其书进行考订，包括作者里籍、成书年代、活动地区及其思想认识等。考订者有农史学者、历史学者和文献学学者等。

（2）对《要术》全书进行条分缕析的深入研究，以现代科学知识做比较全面的论述，重在肯定其成就，也指出其不足之处。主要如万国鼎教授（1897—1963）、石声汉教授（1907—1971）、缪启愉教授（1910—2003）等的著述。

（3）《要术》涉及的学科门类很广，因此往往各自凭其所学进行分科分项的研究文章就更多，专业有时分得很细。诸如谷物、蔬菜、果树、竹木、蚕桑、畜牧、兽医、渔业、副业，无不有人甚至多人进行分科的专业性研究。再细分开来，例如对于抗旱保墒、选种育种、品种资源、遗传和变异、种性问题、嫁接技术、桑和蚕的演变、家畜外形鉴定、养鱼历史、酿酒或酿醋、制糖，乃至烹调烧菜等等，都有专文深入阐论；再细分下去，甚至对某一种蔬菜，对某一小事项、小农具之类，也有细致的探讨，或者连类及之。《要术》五花八门的可贵资料，给现代科研教学工作者提供了宽阔的研究领域。

五、现代对《齐民要术》的整理研究

近人依据多种较好的版本和有关文献对《要术》加以认真的校勘，并用现代科学知识加以注释，力求接近《要术》原貌，成绩超过任何旧本。

（1）石声汉《〈齐民要术〉今释》，四册，1957 年 12 月至 1958 年 6 月科学出版社出版。（图二十八，是中华书局 2009 年出版的，全二册）

（2）缪启愉《〈齐民要术〉校释》，精装一册，1982 年 11 月农业出版社出版（图二十九）。学术界认为是“迄今最完善的一部《齐民要术》校释本”。书末附有《宋以来〈齐民要术〉校勘始末述评》及《〈齐民要术〉主要版本的流传》两文。该书 1985 年获农牧渔业部科技进步二等奖，1992 年获国家新闻出版署全国首届古籍整理图书二等奖，1995 年获国家教委全国首届人文社科优秀成果二等奖。

（3）缪启愉《〈齐民要术〉导读》，1988 年 8 月巴蜀书社出版，并在台湾五南图书出版公司重印出版。该书 1990 年获首届科技史优秀图书二等奖，并被中国台湾五南图书出版公司以繁体字重新出版。

（4）缪启愉《〈齐民要术〉校释》，第二版，精装一册，1998 年 8 月农业出版社出版。这个版本应该是对第一版的修正，应该更完善，可惜在出版过程中有点遗憾，我们期盼在将来能有机会按作者原著出版。

（5）缪启愉《〈齐民要术〉译注》，精装一册，2006 年 12 月上海古籍出版社出版。读者反映书不错，通俗易懂，可读性强，看了受益匪浅，很喜欢。

（6）缪启愉《〈齐民要术〉导读》，2008 年 6 月中国国际广播出版社出版。这是在原巴蜀书社出版的《〈齐民要术〉导读》修订后出版的，比第一版更完善一些。

（7）缪启愉《〈齐民要术〉译注》，精装二册，2009 年 4 月齐鲁书社出版。这是将上海古籍出版社出版的《〈齐民要术〉译注》编入《齐鲁文化经典文库》，内容相同。

第三节 在国外受到高度重视与研究

学术是没有国界的。我国农业精耕细作的优良传统历来为国外学者所重视，作为精耕细作优良传统的划时代的代表作《齐民要术》，更为国外人士所关注，他们收罗善本，认真学习，悉心研究以至翻译成本国文字。

因此《要术》流传国外源远流长，影响同样广泛深远。

一、《要术》在日本的广泛传播和精心研究

《要术》不胫而驰流传到国外是很早的，最早的要算东邻日本。日本藤原佐世在宽平年间（889—897）编写的《日本国现在书目》中已登载有“《齐民要术》十卷”，说明该书在唐代就已传到日本。那时还没有刻本，传去的只能是手抄本。可惜年代久远。该抄本现在日本也没有保存下来。脱离手抄的最早刻本——北宋崇文院刻本，也传到了日本。此本在中国早已失传，倒是日本还保存着，成为世界上硕果仅存的崇文院刻本，可惜已丢失八卷，只残存着第五、第八两卷。这两本是以手抄的和刻本的形式直接从中国传去的。

除直接传去之外，后来日本人还有自己抄写的本子，这就是12世纪中期（当南宋初期）和13世纪后期（当南宋末年），依据北宋系统本抄写的两个抄本。前一抄本现已散失，后一抄本就是现在还保存着的“金泽文库”抄本，但已丢失了第三卷，只剩下九卷了。

日本的地理和气候条件以及农业生产，与中国有相似之处，作为多门类指导农业生产的农书《要术》，在日本，光靠手抄不能满足人们的需要，于是进一步又发展为自己刻印，这就是山田罗谷（好之）据我国明代《津逮秘书》本（最坏之本）复刻的本子。该本刊印于日本延享元年（1744，当清代乾隆九年），山田罗谷做了简单的校注，还附上日语的译文。这是日本国用汉字刊印的第一部《齐民要术》，也是最早的日文译本。山田罗谷为什么要刊印这部书，他在序中做了十分感人的说明：

我从事农业生产三十余年，凡是民家生产上生活上的事业，只要

> 向《齐民要术》求教，依照着去做，经过历年的试行，没有一件不成功的。尤其关于农业生产的切实指导，可以和老农的宝贵经验媲美的，只有这部书。所以我特为译成日文，并加上注解，刊成新书行世。

山田氏在农业生产中由于取法于《要术》而获得成功，对《要术》推崇备至，所以特为刊成新书推荐给日本人民。这是经过农业生产实践得到验证的总结报告，在古代中国还没有见到过。也许是土生土长的“名产”在本地不足为异的缘故吧，可一传到国外就如获至宝地运用起来发挥科学效验了。这充分说明农业科学技术是没有国界的，在一定条件下加以合理运用，《要术》里面适用于中国的也适用于日本，从山田刻书的“缘起”可以得到充分的证明。

公元1826年，日本出现第二部《要术》刻本，是仁科干依据山田罗谷本复刻的。明治年间（1868—1911）又将仁科干本重印出版。日本著名考证学者猪饲敬所（彦博）（1761—1845）进一步用宋本校订山田罗谷本的错失。这是由于山田刻本是中国最坏的《津逮秘书》本的翻版。而一再翻刻使《要术》在日本广为流传的情况下，山田坏本不能不引起学者们的重视，因而猪饲敬所加以校订，严格要求少出差错。这为过渡到现代的广泛深入研究提供了良好基础。

到现代，日本学者对中国农书更感兴趣，而对《要术》尤为重视。他们攻读《要术》十分专心精细，引起空前广泛的钻研、探讨热情。研究方法和研究动向有如下的特点：

（1）《要术》经过长期的传抄翻刻，错误的地方很多，首先要攻破这一难关，才谈得上确切无误的理解。因此，在这方面做了校勘整理的基础工程。在这个基础上开展注解和翻译工作，排除汉文的障碍，使一般日本人都能阅读，做到普及化。

（2）成立“技术史研究会”，对《要术》等中国农书进行深入研究。学术界结合现代科学知识开展多方面的研究和讨论，写出很多有学术价值的论文和著作。

（3）将《要术》所记与欧、美、澳的旱地农业进行比较研究，阐发《要术》时代中国农业技术的卓越成就和特点。经过比较研究，对《要术》给予高度评价，有的推崇为“亚洲旱地农业的真正精髓”。

（4）把对《要术》的学术研究称为“贾学”，贾思勰的书竟成为专门的学问，他们的学术热情非我国所及，我们岂能妄自菲薄？日本是工农业生产技术相当发达的国家，尚且把《要术》提高到“专学”的高度，这只能说明《要术》不仅在科学技术史上有其卓越成就，而且还有它的现实意义，有不少项目有待我们继续探索研究。

研究《要术》的著名学者有天野元之助、篆田统、西山武一、熊代幸雄诸氏（图三十）。天野氏毕生从事中国农业史的研究、对《要术》研究卓著成效。篆田统对《要术》做了译注。西山、熊代二氏对《要术》进行了深入细致的校订、注解，并译成日文，1957年及1959年先后出版了《校订译注〈齐民要术〉》上下册（限于前九卷，第十卷未译注），1969年合为一册出版，1976年印第三版。这说明日本人对《要术》的重视和读者的广泛。

二、《要术》在欧美国家受到高度重视

在西方国家和太平洋彼岸的美国等，《要术》同样享有盛誉，深受人们的推崇。许多国家的图书馆珍藏有《齐民要术》。

《要术》最迟在 19 世纪已传到欧洲。

英国著名博物学家、生物进化论的创始人达尔文（1809—1882），在创立生物进化学说的过程中，曾参阅了大量的国内外文献，其中就有中国的农书和医药书。他在 1859 年出版的震动世界的《物种起源》中就曾说到："我看到一部中国古代的百科全书清楚记载着选择原理。"据考证，达尔文看到的这部百科全书，有可能就是《齐民要术》。达尔文在《动物和植物在家养下的变异》（叶笃庄、方宗熙译，北京大学出版社 2014 年版）一书中，谈到羊的人工选择时指出："改良它们的品种在于特别细心地选择那些预定作为繁殖之用的羊羔，给予它们丰富的营养，保持羊群的隔离。"这和《要术》说的"常留腊月、正月生羔为种者，上"，"所留之种，率皆精好，与世间绝殊"，十分吻合。达尔文又说："中国人对于各种植物和果树，也应用了同样的原理。"对各种植物和果树应用人工选择的原理，也多处见于《要术》中。

《要术》中有不少项目的记载比世界其他国家的记载要早三四个世纪甚至十多个世纪。西方学者也对《要术》进行世界性的比较研究，有的推崇其为"即使在全世界范围内也是卓越的、杰出的、系统完整的农业科学理论与实践的巨著"。我国古人称誉《要术》是农书中"最峣然出其类"的，还限于本国，现在外国学者与世界对比做出如此高度的赞颂，深深为《要术》的学术成就所感动，确是华夏文化的骄傲。

《要术》受到欧美学者的高度重视，现代相继出现不少研究和翻译《要术》的学者。著名中国科学史研究者英国李约瑟博士（1900—1995），在编著《中国科学技术史》第六卷关于生物学和农学分册时，以《要术》为重要材料。英国白馥兰女士将《要术》前六卷译成英文，德国赫茨博士将《要术》全书译成德文。在美国，尤其得到美籍华裔学者的重视。这些说明《要术》在国际学术界十分引人注目，在今天世界农业危机中，更焕发出其优异的农学光辉，而为欧美学者所关注和传播。

《中国珍贵典籍史话丛书》已出版书目

序号	书名	著者	定价	出版时间	条码
1	打开西夏文字之门	聂鸿音　著	48.00	2014 年 7 月	ISBN 978-7-5013-5276-0 9 787501 352760 >
2	《文苑英华》史话	李致忠　著	52.00	2014 年 9 月	ISBN 978-7-5013-5273-9 9 787501 352739 >
3	敦煌遗珍	林世田 杨学勇 刘　波　著	58.00	2014 年 9 月	ISBN 978-7-5013-5274-6 9 787501 352746 >
4	康熙朝《皇舆全览图》	白鸿叶 李孝聪　著	45.00	2014 年 9 月	ISBN 978-7-5013-5351-4 9 787501 353514 >
5	慷慨悲壮的江湖传奇	张国风　著	52.00	2014 年 10 月	ISBN 978-7-5013-5442-9 9 787501 354429 >
6	《太平广记》史话	张国风　著	48.00	2015 年 1 月	ISBN 978-7-5013-5484-9 9 787501 354849 >

7	《永乐大典》史话	张忱石　著	48.00	2015 年 1 月	ISBN 978-7-5013-5493-1
8	《玉台新咏》史话	刘跃进 原著 马燕鑫 订补	53.00	2015 年 1 月	ISBN 978-7-5013-5530-3
9	《史记》史话	张大可　著	52.00	2015 年 6 月	ISBN 978-7-5013-5587-7
10	西夏文珍贵典籍史话	史金波　著	55.00	2015 年 9 月	ISBN 978-7-5013-5647-8
11	《金刚经》史话	全根先 林世田　著	38.00	2016 年 6 月	ISBN 978-7-5013-5803-8
12	《太平御览》史话	周生杰　著	45.00	2016 年 10 月	ISBN 978-7-5013-5874-8
13	春秋左传史话	赵伯雄　著	45.00	2016 年 11 月	ISBN 978-7-5013-5880-9
14	《尔雅》史话	王世伟　著	38.00	2016 年 12 月	ISBN 978-7-5013-5938-7
15	《广舆图》史话	成一农　著	48.00	2017 年 1 月	ISBN 978-7-5013-5990-5

国家图书馆出版社简介

国家图书馆出版社1979年成立，原名书目文献出版社，1996年更名为北京图书馆出版社，2008年改为现名。

本社是文化部主管、国家图书馆主办的中央级出版社。2009年8月新闻出版总署首次经营性图书出版单位等级评估定为一级出版社，并授予“全国百佳图书出版单位”称号。2014年被全国哲学社会科学规划办公室评定为“国家社科基金后期资助项目推荐申报出版机构”。

建社三十余年来，形成了两大专业出版特色：一是整理影印各种稀见历史文献；二是编辑出版图书馆学和信息管理科学著译作，出版各种书目索引等中文工具书。此外还编辑出版各种文史著作和传统文化普及读物。